国家级职业教育规划教材
全国高等职业院校会计专业教材

税费计算与申报

高保香　主编

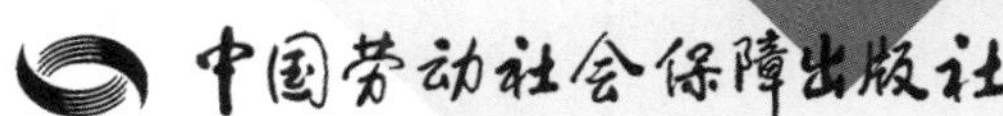

简　　介

本书为全国高等职业院校会计专业教材，由人力资源社会保障部教材办公室组织编写，是国家级职业教育规划教材。

本书紧扣职业教育的特点和要求，结合高等职业院校会计专业的教学实际编写，对税费计算与申报业务的相关知识与技能进行了较为全面的介绍，主要内容包括认识税收与税法，增值税、消费税、关税、企业所得税、个人所得税以及资源税等其他税种的计算与申报，最后介绍了税务管理与税款征收。本书还配有电子课件，可登录技工教育网（jg. class. com. cn）下载。

本书由高保香任主编，李金营任副主编，王芳、闫桐、赵璐参加编写，赵秀云主审。

图书在版编目(CIP)数据

税费计算与申报/高保香主编. --北京：中国劳动社会保障出版社，2022
全国高等职业院校会计专业教材
ISBN 978-7-5167-5484-9

Ⅰ.①税…　Ⅱ.①高…　Ⅲ.①税费-计算-中国-高等职业教育-教材②纳税-税收管理-中国-高等职业教育-教材　Ⅳ.①F812.423

中国版本图书馆 CIP 数据核字(2022)第 198615 号

中国劳动社会保障出版社出版发行
（北京市惠新东街 1 号　邮政编码：100029）
*
北京市白帆印务有限公司印刷装订　　新华书店经销
787 毫米×1092 毫米　16 开本　14.5 印张　267 千字
2022 年 12 月第 1 版　　2022 年 12 月第 1 次印刷
定价：36.00 元

营销中心电话：400-606-6496
出版社网址：http://www.class.com.cn
http://jg.class.com.cn

前言

近年来，随着我国经济和社会发展，会计准则及相关法规发生了一定的调整和变化，社会对会计人员的知识水平和职业能力水平提出了更高的要求。为适应这些变化，培养更加符合市场需求的会计人才，我们组织了一批教学经验丰富、实践能力强的一线教师和行业、企业专家，基于会计、出纳、审计等工作岗位的要求，在充分调研的基础上，编写了这套全国高等职业院校会计专业教材。

本套教材主要有以下几个特点：

第一，理实结合，先进实用。教材本着学以致用的原则，紧贴会计专业最新的培养目标和教学实际，并参考会计、审计等相关职业资格的要求安排教材的结构和内容，将理论知识与操作技能有机融合，突出对学生实际操作能力的培养，使教材具有较强的实用性、针对性和先进性。部分教材采取了任务驱动的编写思路，按照以能力培养为主线、相关知识为支撑的模式安排教学内容，做到“理论学习有载体，技能训练有实体”。

第二，表现力丰富。本套教材设置了“案例解析”“知识窗”等栏目，增加教材的趣味性和可读性，激发学生的学习兴趣。同时，尽可能多地以图表代替冗长的文字叙述，使教材更加生动直观，易于学习。在版式设计上，本套教材采用双色排版，使教材中的单据、凭证与会计工作实务保持一致，便于开展教学。

第三，配套资源完善。本套教材同步开发了配套的电子课件及习题册，电子课件及习题册答案可登录技工教育网（jg. class. com. cn）搜索下载。部分教材针对教学重点和难点制作了演示视频等多媒体素材，学生扫描二维码即可在线观看或收听相应内容。

本套教材的编写得到了有关省市人力资源社会保障部门及一批高等职业院校的大力支持，教材的编审人员做了大量的工作，在此，我们表示衷心的感谢！同时，恳切希望广大读者对教材提出宝贵的意见和建议。

人力资源社会保障部教材办公室

目 录

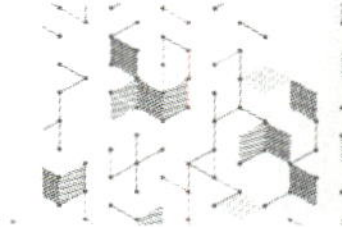

项目一
认识税收与税法

学习目标

知识目标

1. 理解、掌握税收的概念、特征及职能。
2. 熟练掌握税法的构成要素。
3. 了解我国现行税法体系。
4. 掌握税收的分类方法。

能力目标

1. 能正确描述税收的特征及作用。
2. 能正确描述税法构成要素的内容。
3. 能正确判断各税种的类型。

思维导图

项目一 认识税收与税法

- 任务一 认识税收
  - 税收的概念
  - 税收的特征：强制性、无偿性、固定性
  - 税收的职能：组织财政收入、调节经济、监督社会经济活动
- 任务二 认识税法
  - 税法的概念
  - 税收法律关系：主体、客体、内容
  - 税法的构成要素：纳税义务人、征税对象、税率、减免税、纳税环节、纳税地点、纳税期限、法律责任
  - 我国现行税法体系：税收实体法、税收程序法
  - 我国现行税收分类：以征税对象为标准划分、按税收管理和使用权限划分、按税负能否转嫁划分、按计税标准划分

任务一　认识税收

【任务导入】

马克思指出：赋税是政府机器的经济基础，而不是其他任何东西。国家存在的经济体现就是捐税。恩格斯也把纳税看作国家的基本经济特征，他指出：为了维持这种公共权力，就需要公民缴纳费用——捐税。这些都说明了税收对于国家经济生活和社会文明的重要作用。

那么，税收具有哪些特征和作用呢？让我们一起在本任务的学习中寻找答案。

【相关知识】

一、税收的概念

税收是国家为了满足社会公共需要，凭借政治权力参与社会剩余产品分配，强制地、无偿地取得财政收入的一种固定征收形式。

税收是国家财政收入最主要的来源，它体现了国家与纳税人在征收、纳税的利益分配上的一种特殊关系，是一定社会制度下的一种特定分配关系。

二、税收的特征

与其他财政收入相比，从形式上看，税收具有强制性、无偿性和固定性的特征，习惯上称之为税收的“三性”。

1. 强制性

强制性是指国家以社会管理者的身份，凭借政治权力，通过颁布法律或政令强制征收税款。负有纳税义务的社会集团和社会成员，都必须遵守国家强制性的税收法令，在国家税法规定的限度内，纳税人必须依法纳税，否则就要受到法律的制裁。

2. 无偿性

无偿性是指国家取得税收收入不需要直接向缴纳的单位和个人付出任何代价。通过征税，社会集团和社会成员的一部分收入转归国家所有，由财政统一支配，不再直接归还给缴纳者。无偿性是税收的本质体现，是区分税收收入和其他财政收入形式的重要特征。

国债收入是国家以债务人的身份凭借国家信用取得的收入，国家对债权持有者具有直接的偿还义务；规费收入是国家机关向有关当事人提供某种服务而收取的一种报酬，

也不具有无偿性。因此，它们均不属于税收范畴。

3. 固定性

固定性是指国家在征税之前，预先规定了统一的征税标准，包括纳税人、课税对象、税目、税率、计税方法和期限。这些标准一经确定，在一定时间内是相对稳定的，征税和纳税双方都必须共同遵守，非经国家法令修订或调整，任何单位和个人不得随意更改。

固定性也是税收区别于罚没收入等其他财政收入的重要标志，也正是因为固定性的特征，才得以保证国家财政收入的均衡和纳税人负担稳定。

税收的三个特征是统一的整体，其中，强制性是实现税收无偿性的强有力保证，无偿性是税收本质的体现，固定性是强制性和无偿性的必然要求。

【例 1-1】税收作为一种特定的分配形式，有着自身固有的形式特征，即（　　）。

A. 强制性、无偿性、合法性　　B. 强制性、合理性、合法性

C. 强制性、无偿性、固定性　　D. 固定性、合理性、合法性

【解析】本题考查的是税收的特征，即强制性、无偿性和固定性。正确答案为 C。

三、税收的职能

税收职能是指税收自身所固有的功能。我国税收具有组织财政收入、调节经济和监督社会经济活动的职能。

1. 组织财政收入

组织财政收入的职能是指税收通过参与社会剩余产品的分配，形成国家财政收入，从而供国家支配使用。财政职能是税收最基本的职能，目前，我国税收收入已占国家财政收入的 90%以上。

2. 调节经济

调节经济的职能是指税收在积累国家财政资金的过程中，通过设置不同的税种，确定不同的税率，对不同单位和个人的收入进行调整，以优化经济利益关系，促进社会经济良性发展。税收通过征收、不征、少征、免征等措施，引导纳税人调整自己的活动，以配合产业政策，促进生产结构、消费结构的调整，优化资源配置。

3. 监督社会经济活动

税收监督社会经济活动的职能是指税收在参与社会产品分配和再分配过程中，对社会产品的生产、流通、分配和消费进行制约和控制。通过税收监督，一方面要求纳税人依法纳税，保证国家履行其职能的物质需要；另一方面，对社会再生产的各个环节进行监督，制止、纠正经济运行中的违法现象，打击经济领域中的犯罪活动，保证税收分配

的顺利进行，促进国民经济的健康发展。

【任务实施】

解析：从形式上看，税收具有强制性、无偿性和固定性的特征。无偿性是税收本质的体现，强制性是实现税收无偿征收的强有力保证，而固定性是强制性和无偿性的必然要求。

我国税收具有组织财政收入、调节经济和监督社会经济活动的职能。税收通过参与社会剩余产品的分配，形成国家财政收入，从而供国家支配使用；而国家通过设置不同税种，对不同单位和个人的收入进行调整，同时对社会再生产的各个环节进行监督，制止、纠正经济运行中的违法现象，促进国民经济的健康发展。

任务二　认识税法

【任务导入】

中国税务意气风发，为了祖国富强贡献力量；
中国税务奋进昂扬，为了民族复兴共筑梦想；
为国聚财是我们的责任，为民收税是我们的荣光；
忠诚担当，崇法守纪，兴税强国，初心不忘；
我们是共和国的税务人，信仰的旗帜在新时代飞扬。

这首《中国税务之歌》，洋溢着税务工作者斗志昂扬的工作热情，体现了税务工作者的使命与担当。为了规范征纳税行为，国家不断完善税收法律法规建设。那么，税法有哪些构成要素呢？我国现行税法体系是怎样的？下面通过本任务的学习，我们一起来认识税法。

【相关知识】

一、税法的概念

税法是国家制定的，用以调整国家与纳税人之间在征纳税方面的权利与义务关系的法律规范的总称。它是国家及纳税人依法征税和纳税的行为准则，其目的是保障国家利益和纳税人的合法权益，维护正常的税收秩序，保证国家财政收入的取得。

二、税收法律关系

税收法律关系是由税收法律规范确认和调整的、国家和纳税人之间发生的具有权利

和义务内容的社会关系，由法律关系的主体、客体和内容三方面构成。

1. 税收法律关系的主体

税收法律关系的主体是指在税收法律关系中享有权利和承担义务的人，主要包括征税主体和纳税主体。征税主体是指依法行使课税权的各级国家机关，如各级税务机关、海关和财政机关；纳税主体是指负有纳税义务的单位和个人，如法人、自然人和其他组织。

2. 税收法律关系的客体

税收法律关系的客体是指税收法律关系主体的权利和义务所指向的对象，即征税对象，主要包括货币、实物和行为。如所得税法律关系的客体是生产经营所得和其他所得。

3. 税收法律关系的内容

税收法律关系的内容是指税收法律关系主体所享有的权利和所承担的义务，主要包括纳税人的权利义务和征税机关的权利义务。

三、税法的构成要素

税法的构成要素主要包括纳税义务人、征税对象、税率、减免税、纳税环节、纳税地点、纳税期限、法律责任等。其中，纳税义务人、征税对象和税率是构成税法的三个最基本的要素，解决了各税种对谁征、对什么征、征多少的核心问题。

1. 纳税义务人

纳税义务人简称纳税人，又称纳税主体，是税法规定的直接负有纳税义务的单位和个人。纳税义务人包括自然人和法人。

自然人指依法享有民事权利，并承担民事义务的公民个人。如在我国从事工商活动的个人。法人指依法成立，有一定的组织机构和法律地位，能以自己的名义独立支配属于自己的财产，承担法律义务，行使法律规定的权利的社会组织。如企业、事业单位、国家机关、社会团体等。

在实际纳税过程中，与纳税人相关的概念有代扣代缴义务人、负税人。

（1）代扣代缴义务人

代扣代缴义务人是指有义务从纳税人收入中扣除其应纳税款并代为缴纳的企业或单位。确定扣缴义务人有利于简化征税手续，防止税款流失，加强税收的源泉控制。但扣缴义务人不是纳税主体，而是纳税人和税务机关的中介。如个人所得税以所得人为纳税义务人，以支付所得的单位或个人为扣缴义务人。

（2）负税人

负税人，是指税款的最终承担者或实际负担者，而纳税人是直接向税务机关缴纳税款的单位和个人，所以，纳税人并不一定就是税款的实际负担者。纳税人和负税人是否

一致，以税负能否转嫁为依据进行划分，如流转税，纳税人是销售商品或提供劳务的单位或个人，负税人则是最终消费者。在税负不能转嫁时两者是一致的，如所得税纳税人本身即是负税人。

2. 征税对象

征税对象又称课税对象，是征税的客体，即对什么征税，是征纳税双方权利义务共同指向的标的物，是区别一种税与另一种税的重要标志。如企业所得税的征税对象是企业的应税所得额，消费税是以特定消费品为征税对象。与征税对象密切相关的两个概念是税目和计税依据。

（1）税目

税目是指各个税种所规定的具体征税项目，是征税对象的具体化，代表征税的广度。如消费税将征税对象的消费品具体划分为烟、酒等 15 个税目。但是并非所有的税种都设置税目，如企业所得税。

（2）计税依据

计税依据又称为税基，是征税对象的量化特征，是计算税款的依据，其表现形式有三种，一是从价计征，即以征税对象的价值量作为计税依据；二是从量计征，即以征税对象的实物量（如数量、面积等）作为计税依据，如消费税中的啤酒、黄酒、成品油的计税依据是应税产品的销售量；三是复合计税，即同时包含征税对象的价值和实物量，如消费税中的白酒和卷烟的计税。

3. 税率

税率是指对征收对象的征收比例，是衡量税负轻重的重要标志，体现征税的深度，是税收制度的核心。我国现行税率主要有以下几种：

（1）比例税率

比例税率就是对同一征税对象不分数额大小，规定相同的征收比例的税率。例如，我国企业所得税的现行税率是 25%，采用的就是比例税率。增值税、房产税、城市维护建设税等采用的也是比例税率。

（2）定额税率

定额税率又称固定税额。这种税率先根据课税对象计量单位直接规定固定的征税数额，不受价格变动影响，一般适用于从量征税的情况。

定额税率征税对象一般以质量、数量、面积、体积等作为计量单位。我国的车船税、城镇土地使用税等采用定额税率。

（3）累进税率

累进税率是指按征税对象数额的大小划分若干等级，从低到高分别规定逐级递增的税率。这种税率形式的特点是税率等级与计税依据的数额等级同方向变动，有利于按纳

税人的不同负担能力设计税率，有利于调节纳税人的收入和财富，更加符合税收公平的原则。累进税率因计算方法和依据不同，可分为全额累进税率、超额累进税率、全率累进税率、超率累进税率四种类型。

1）全额累进税率。是把征税对象分成若干等级，将征税对象的全部数额都按照其所适用的最高一级征税比率计税的一种累进税率。这种方式计算简便，累进幅度大，特别是在两个等级的临界处，会出现应纳税额超过计税依据增加的不合理现象。这种方法目前在世界各国已很少使用。

2）超额累进税率。是把征税对象分成若干等级，当征税对象的数额每超过一个等级时，仅就超过的部分按高一级的税率计算征税，即同一征税对象，可以同时适用几个等级的税率。如我国现行的个人所得税中的综合所得采用超额累进税率。

假定A、B、C三人某年综合所得的全年应纳税所得额分别为36 000元、36 001元和150 000元，依据表1-1所示税率，按照全额累进税率和超额累进税率分别计算出应纳税额，见表1-2。

表1-1　个人所得税税率表（综合所得适用七级超额累进税率）

级数	全年应纳税所得额	税率（%）	速算扣除数（元）
1	不超过36 000元的部分	3	0
2	超过36 000元至144 000元的部分	10	2 520
3	超过144 000元至300 000元的部分	20	16 920
4	超过300 000元至420 000元的部分	25	31 920
5	超过420 000元至660 000元的部分	30	52 920
6	超过660 000元至960 000元的部分	35	85 920
7	超过960 000元的部分	45	181 920

表1-2　A、B、C三人的应纳税额

按照全额累进税率计算的应纳税额（元）	按照超额累进税率计算的应纳税额（元）
A：36 000×3%＝1 080	A：36 000×3%＝1 080
B：36 001×10%＝3 600.1	B：36 000×3%+1×10%＝1 080.1
C：150 000×20%＝30 000	C：36 000×3%+(144 000−36 000)×10%+(150 000−144 000)×20%＝13 080

3）全率累进税率。是指按征税对象相对比例划分征税级距，就纳税人的征税对象全部数额按与之相适应的级距税率计征的一种累进税率。即以征税对象的绝对数额作为计税依据，当纳税人的征税对象的相对比例达到某一等级时，全部征税对象数额都要按这一等级的税率征税。

4）超率累进税率。它是以征税对象的某种比例为累进依据，按超额累进方式计算应纳税额的税率。当课税对象的百分比增加到需要提高一级税率时，仅就超过百分比的部分按高一级税率课税。同一课税对象可以同时适用几个等级的税率。我国现行的土地增值税采用超率累进税率。

【例 1-2】衡量纳税人税负轻重的重要标志是（　　）。

A. 纳税期限　　B. 减免税　　C. 税率　　D. 纳税环节

【解析】税率是指对征收对象的征收比例，是衡量税负轻重的重要标志，体现征税的深度，是税收制度的核心。所以正确答案为 C。

4. 减免税

减税、免税是根据国家政策，对某些纳税人和征税对象给予的鼓励和照顾措施。减税是从应征税款中减征部分税款，免税是免征全部税款。减免税可以分为税基式减免、税率式减免和税额式减免三种。

（1）税基式减免

税基式减免是通过直接缩小计税依据来实现减税免税，常用手段包括起征点、免征额、项目扣除以及跨期结转等。

起征点，即征税对象达到一定数额开始征税的起点。征税对象达不到起征点的就不征税，达到起征点的就其全部数额征税。免征额，是指在征税对象的全部数额中免予征税的数额。征税对象达不到免征额的部分不征税，仅对超过免征额的部分征税。项目扣除，即在课税对象中扣除一定项目的数额，如规定不征税项目、加计扣除项目等。跨期结转，即将以前纳税年度的经营亏损等在本纳税年度经营利润中扣除。

（2）税率式减免

税率式减免即通过直接降低税率的方式实现减税免税。包括重新确定税率、选用其他税率和零税率。如对高新技术企业适用 15%的企业所得税优惠税率。

（3）税额式减免

税额式减免即通过直接减免应纳税额实现减税免税。例如企业所得税中对一些投资于公共基础设施建设的企业实行的三免两减半政策。

5. 纳税环节

纳税环节是税法规定的课税对象从生产到消费的流转过程中应当缴纳税款的环节。如流转税在生产和流通环节征税，所得税在分配环节征税。

6. 纳税地点

纳税地点是纳税人（代征、代扣、代缴义务人）依据税法规定，向税务机关具体申

报纳税的地点。纳税地点的确定，便于加强税收的源泉控制。纳税地点一般为机构所在地、生产经营发生地和报关地等。

7. 纳税期限

纳税期限指纳税义务发生后，纳税人应依法缴纳税款的期限。纳税期限一方面是指结算应纳税款的期限，如按月结算、按年结算等；另一方面是缴纳税款的期限，是指在结算应纳税款后多少天缴纳税款，如次月 15 日之前缴纳等。纳税期限主要有以下三种形式：

（1）按期纳税

根据纳税义务的发生时间，通过确定纳税间隔期，实行按期纳税。按期纳税间隔期分为 1 天、3 天、5 天、10 天、15 天和 1 个月、一个季度等多种。纳税人的具体纳税间隔期限由其主管税务机关按规定核定。

（2）按次纳税

根据纳税行为的发生次数确定纳税期限，如印花税、车辆购置税和耕地占用税等。

（3）按年计征、分期预缴

按规定的期限预缴税款，年度结束后汇算清缴，多退少补。分期预缴一般是按月或按季预缴，如企业所得税、房产税、城镇土地使用税等。

8. 法律责任

税收法律责任，是指税收法律关系的主体因违法行为而承担的法律后果。税收法律责任依其性质和形式的不同，可分为行政责任和刑事责任。

四、我国现行税法体系

我国现行税法体系由税收实体法和税收程序法两大部分组成。

1. 税收实体法

税收实体法是指确定税种的立法，具体规定各税种的征税对象、税目、征收范围、税率、纳税地点等。如《中华人民共和国增值税暂行条例》《中华人民共和国消费税暂行条例》《中华人民共和国企业所得税法》《中华人民共和国个人所得税法》等。我国现行税法体系中，目前征收的共有 18 个税种。

2. 税收程序法

税收程序法指以国家税收活动中所发生的程序关系为调整对象的税法，是规定国家征税权行使程序和纳税人纳税义务履行程序的法律规范的总称。

由税务机关负责征收的税种的征收管理，按照全国人大常委会发布实施的《中华人民共和国税收征收管理法》执行。由海关负责征收的税种的征收管理，按照《中华人民共和国海关法》及《中华人民共和国进出口关税条例》等有关规定执行。此外，还包括

《中华人民共和国税收征收管理法实施细则》《中华人民共和国发票管理办法》《中华人民共和国发票管理办法实施细则》等。

【例 1-3】以下属于税收程序法的是（ ）。

A.《中华人民共和国增值税暂行条例》

B.《中华人民共和国海关法》

C.《中华人民共和国企业所得税法》

D.《中华人民共和国消费税暂行条例》

【解析】税收程序法指以国家税收活动中所发生的程序关系为调整对象的税法。A、C、D 均为税收实体法，正确答案为 B。

五、我国现行税收分类

1. 以征税对象为标准划分

根据征税对象的不同，税收可以分为流转税、所得税、资源税、财产税和行为目的税五种。具体分类见表 1-3。

表 1-3 以征税对象为标准划分的税收种类

分类	主要特点	主要税种
流转税	又称商品劳务税，是对商品和劳务交易征税。主要在生产、流通或者服务业中发挥调节作用，是我国现行税制中最大的一类税收	增值税、消费税、关税
所得税	是对纳税人在一定时期的合法收入总额扣减成本费用和其他各项支出后的余额征税。它可以直接调节纳税人的收入水平，缩小纳税人之间的差距	企业所得税、个人所得税
资源税	是对开发、利用和占有国有自然资源的单位和个人征税。它可以避免资源浪费、保护和合理使用国家自然资源	资源税、耕地占用税、城镇土地使用税、土地增值税、环境保护税
财产税	是对纳税人所拥有的财产数量或价值额征税。它可以避免财产的闲置浪费，促进财产的节约和合理利用	房产税、契税、车辆购置税、车船税
行为目的税	是对某些特定行为或为达到特定目的征税。它的选择面较大，设置和废止相对灵活，有利于国家限制和引导某些特定行为而达到预期目的	印花税、城市维护建设税、船舶吨税、烟叶税

2. 按税收管理和使用权限划分

按税收管理和使用权限分类，我国税收可以分为中央税、地方税和中央与地方共享税。具体分类见表 1–4。

表 1–4　按税收管理和使用权限划分的税收种类

分类	主要特点	主要税种
中央税	属于中央政府的财政收入，由国家税务局、海关征收管理。特点是税源集中、收入大、涉及面广	消费税、关税、船舶吨税、车辆购置税、海关代征的进口环节增值税
地方税	属于各级地方政府的财政收入，特点是与地方经济联系紧密，税源比较分散	房产税、城镇土地使用税、耕地占用税、契税、土地增值税、车船税、烟叶税、环境保护税
中央与地方共享税	属于中央政府和地方政府的共同收入	增值税、企业所得税、个人所得税、资源税、城市维护建设税、印花税

3. 按税负能否转嫁划分

税负转嫁是指税法上规定的纳税人将自己所缴纳的税款转移给他人负担的过程。按税负能否转嫁可以划分为直接税和间接税。

直接税是指由纳税人直接负担、不易转嫁的税种，其纳税人不仅在形式上有纳税义务，而且也是税收的实际承担者，即纳税人与负税人一致。如企业所得税、个人所得税、城镇土地使用税和印花税等。

间接税是指纳税人可以将税负转嫁给他人负担的税种。其纳税人虽然在形式上具有纳税义务，但是实际上已将自己的税款转嫁给消费者承担，即纳税人与负税人不一致。如增值税、消费税和关税。

4. 按计税标准划分

按计税标准的不同，可分为从价税和从量税。从价税是以征税对象的价值量为标准计算征收的税收，如增值税、关税、个人所得税和房产税。从量税是按照征税对象的自然实物量（如重量、数量、面积、体积等）为标准，采用固定税额征收的税收，如资源税、车船税、城镇土地使用税，以及对啤酒、黄酒征收的消费税等。

【例 1–4】按照征税对象不同进行分类，印花税属于（　　）。

A. 流转税　　B. 所得税　　C. 财产税　　D. 行为目的税

【解析】本题考查税收的分类，印花税属于行为目的税。所以正确答案为 D。

【任务实施】

解析：税法主要由纳税义务人、征税对象、税率、减免税、纳税环节、纳税地点、纳税期限、法律责任等要素构成。其中，纳税义务人、征税对象和税率是构成税法的最基本要素，解决了各税种对谁征、对什么征、征多少的核心问题。我国现行税法体系由税收实体法和税收程序法两大部分组成。

案例分析

2019 年国家财政性教育经费支出首次突破 4 万亿元，年均增长 8.2%，占同年 GDP 比例为 4.04%，连续第八年保持在 4%以上。

财税部门联合发布系列公告，明确自 2020 年 1 月 1 日起实施一系列聚焦新型冠状病毒感染肺炎疫情防控关键领域和重点行业的税收优惠政策，共涉及支持防护救治、支持物资供应、鼓励公益捐赠、支持复工复产四个方面、12 项政策，助力打赢疫情防控阻击战。分析上述两条信息，请思考：

1. 国家用于教育经费的支出从何而来?
2. 什么是“税收”? 国家为什么征税?
3. 税收法律制度由哪些要素构成?

【解析】

1. 国家通过税收筹集财政收入，将获取的相应收入用于财政支出，进行公共基础设施建设、社会保障、国防建设、维护社会治安等，从而保障国家安全，促进教育、科学、文化、卫生等社会事业的发展。

2. 税收是国家为了满足社会公共需要，凭借政治权力参与社会剩余产品分配，强制地、无偿地取得财政收入的一种固定征收形式。我国税收具有组织财政收入、调节经济和监督社会经济活动的职能。国家要为社会公众提供就业、教育、医疗、交通、娱乐等公共服务和基础设施，其资金来源主要是税收。只有国家拥有一定可用财力，公共服务才成为可能。

3. 税收法律制度的构成要素主要包括纳税义务人、征税对象、税率、减免税、纳税环节、纳税地点、纳税期限、法律责任等。

思考与练习

1. 简述税收的特征和职能。
2. 税法的构成要素有哪些？
3. 税收实体法与税收程序法的区别是什么？请举例说明。
4. 税收按征税对象的不同划分为哪几类？请举例说明。

项目二
增值税的计算与申报

学习目标

知识目标

1. 熟悉增值税的概念、类型和特点。

2. 掌握增值税的征税范围、纳税人的类型及划分标准、税率及征收率。

3. 熟练掌握增值税税收优惠政策。

4. 熟练掌握一般纳税人、小规模纳税人及进口货物增值税应纳税额的计算方法。

能力目标

1. 能正确判断增值税的纳税义务人，能正确选择不同纳税人适用的税率。

2. 能根据业务资料正确分析计算一般纳税人及小规模纳税人的应纳税额。

3. 能根据业务资料正确判断增值税纳税义务发生时间、纳税地点等，能办理增值税税款的申报缴纳。

思维导图

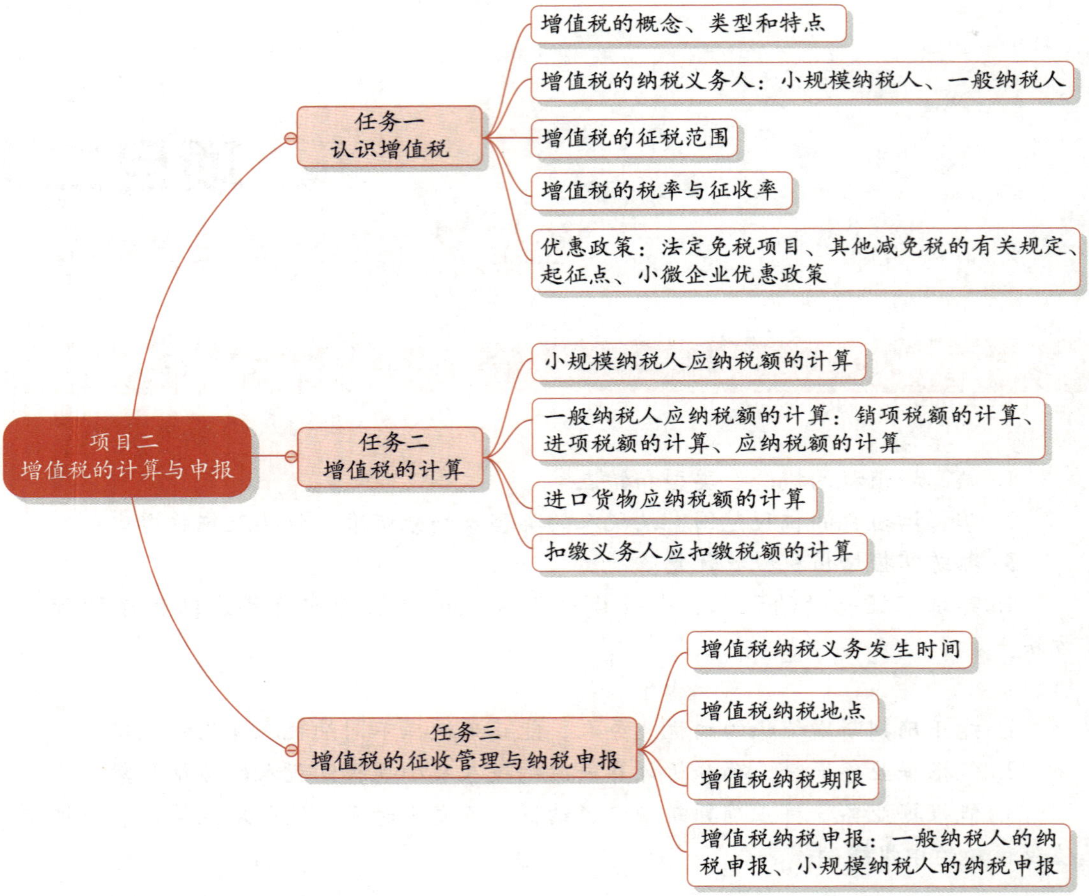

- 项目二 增值税的计算与申报
  - 任务一 认识增值税
    - 增值税的概念、类型和特点
    - 增值税的纳税义务人：小规模纳税人、一般纳税人
    - 增值税的征税范围
    - 增值税的税率与征收率
    - 优惠政策：法定免税项目、其他减免税的有关规定、起征点、小微企业优惠政策
  - 任务二 增值税的计算
    - 小规模纳税人应纳税额的计算
    - 一般纳税人应纳税额的计算：销项税额的计算、进项税额的计算、应纳税额的计算
    - 进口货物应纳税额的计算
    - 扣缴义务人应扣缴税额的计算
  - 任务三 增值税的征收管理与纳税申报
    - 增值税纳税义务发生时间
    - 增值税纳税地点
    - 增值税纳税期限
    - 增值税纳税申报：一般纳税人的纳税申报、小规模纳税人的纳税申报

任务一　认识增值税

【任务导入】

天津津海公司为增值税一般纳税人，主要业务为空调销售，兼营空调安装、维修业务。2020 年 7 月该公司销售空调收入共计 350 万元，安装、维修空调收入 50 万元，其中安装自已销售的空调收入 30 万元，其他安装及维修空调收入 20 万元。

请问：该公司销售空调、安装与维修空调的服务应当如何进行税务处理？

【相关知识】

一、增值税的概念、类型和特点

1. 增值税的概念

增值税是对在我国境内销售货物，提供加工、修理修配劳务和销售服务、无形资产、不动产，以及进口货物的单位和个人，就其取得的货物、劳务或应税服务销售额，以及进口货物金额计算税款，并实行税款抵扣制的一种流转税。

2. 增值税的类型

根据税基和购进固定资产的进项税额是否可以扣除及扣除方式的不同，增值税可分为生产型增值税、收入型增值税和消费型增值税三种类型。

（1）生产型增值税

生产型增值税是指在计算应纳税额时，只允许从当期销项税额中扣除原材料等劳动对象的已纳税款，而不允许扣除固定资产所含税款的增值税。少数发展中国家和我国（2008 年 12 月底前）实行的增值税主要属于这种类型。

（2）收入型增值税

收入型增值税是指在计算应纳税额时，除扣除中间产品已纳税款，还允许在当期销项税额中扣除固定资产当期折旧部分所含的增值税。拉丁美洲的一些国家大多选择此种类型的增值税。

（3）消费型增值税

消费型增值税是指在计算应纳税额时，除扣除中间产品已纳税款，对纳税人购入固定资产的已纳税款，也允许一次性地从当期销项税额中全部扣除，从而使纳税人用于生产应税产品的全部外购生产资料都不负担增值税。由于外购固定资产的成本可凭发票一次性全部扣除，既便于操作，又便于管理，所以是最能体现增值税优越性的一种类型。

从2009年1月1日开始，我国增值税已全部转型为消费型增值税。

3. 增值税的特点

（1）不重复征税

增值税实行税款抵扣制度，在计算企业应纳税额时，要扣除商品在以前生产环节已负担的税款，也就是只对属于本企业创造的尚未征过税的那部分销售额征税，这就避免了重复征税。

（2）税源广阔，具有普遍性和连续性

从生产经营的横向关系看，无论工业、商业或者劳务服务活动，只要有增值收入就要纳税；从生产经营的纵向关系看，货物无论经过多少生产经营环节，都要按各道环节上发生的增值额逐次纳税。

（3）价外征收，税负具有转嫁性

增值税是在商品交易额或劳务价值之外，由卖方向买方收取，由买方所承担的增值税，又会通过其销售活动全部转移给下一个生产环节而得到足额补偿。因此，从形式上讲，增值税税收负担是由不能再行转嫁的最终消费者承担的。

二、增值税的纳税义务人

凡是在我国境内销售货物、提供加工、修理修配劳务和销售服务、无形资产、不动产，以及进口货物的单位和个人，都是增值税的纳税义务人。

单位以承包、承租、挂靠方式经营的，承包人、承租人、挂靠人（以下统称承包人）以发包人、出租人、被挂靠人（以下统称发包人）名义对外经营并由发包人承担相关法律责任的，以该发包人为纳税人，否则，以承包人为纳税人。

在我国境外的单位或者个人在境内发生应税行为，在境内未设有经营机构的，购买方为增值税扣缴义务人。

为严格增值税的征收管理，简化经营规模小的纳税人的计税方法，我国税法将增值税纳税人按其经营规模及会计核算是否健全划分为小规模纳税人和一般纳税人。

1. 小规模纳税人

小规模纳税人是指年应税销售额在规定标准以下，且会计核算不健全，不能够提供准确税务资料的增值税纳税人。所谓“会计核算不健全”是指不能够按照国家统一的会计制度规定设置账簿，不能根据合法、有效凭证进行财务核算。

自2018年5月1日起，小规模纳税人的认定标准为年应税销售额在500万元及以下。

小规模纳税人不能领购和使用增值税专用发票的，按简易计税办法计算缴纳增值税；发生应税行为，购买方索取增值税专用发票的，可以向主管税务机关申请代开。

知识链接

年应税销售额，是指纳税人连续不超过 12 个月或 4 个季度的经营期内累计应征收增值税的销售额，包括减免税销售额、发生境外应税行为销售额以及按规定已从销售额中差额扣除的部分。

2. 一般纳税人

年应税销售额超过财政部和国家税务总局规定的小规模纳税人标准的纳税人，会计核算健全，能够提供准确税务资料的，可以向主管税务机关申请办理一般纳税人资格登记，成为一般纳税人。

会计核算健全，是指能够按照国家统一的会计制度规定设置账簿，根据合法、有效凭证进行核算。

下列纳税人不办理一般纳税人登记：

（1）按照政策规定，选择按照小规模纳税人纳税的（包括非企业性单位，不经常发生应税行为的单位和个体工商户）；

（2）年应税销售额超过规定标准的其他个人。

除国家税务总局另有规定外，纳税人一经认定为一般纳税人后，不得转为小规模纳税人。

三、增值税的征税范围

1. 一般规定

增值税征税的一般范围包括在我国境内销售货物或者提供加工、修理修配劳务，或者销售服务、无形资产、不动产以及进口货物。

（1）境内销售货物

销售货物，是指有偿转让货物的所有权，从购买方取得货币、货物或其他经济利益。货物是指有形动产，包括电力、热力、气体在内，不包括无形资产和不动产。“境内”是指销售货物的起运地或者所在地在境内。

（2）提供加工、修理修配劳务

所谓加工，是指受托加工货物，即委托方提供原料及主要材料，受托方按照委托方的要求制造货物并收取加工费的业务；修理修配是指受托方对损伤和丧失功能的货物进行修复，使其恢复原状和功能的业务。

单位或者个体工商户聘用的员工为本单位或雇主提供加工、修理修配劳务，不属于

增值税征税范围。

（3）销售服务、无形资产及不动产

1）销售服务。销售服务是指提供交通运输服务、邮政服务、电信服务、建筑服务、金融服务、现代服务、生活服务。具体适用范围见表2-1。

表2-1　增值税征收范围——销售服务适用范围

分类	项目	内容
交通运输服务	陆路运输服务	铁路运输、公路运输、缆车运输、索道运输、地铁运输、城市轻轨运输等
	水路运输服务	水路运输的程租、期租业务，属于水路运输服务
	航空运输服务	空中航线运送货物或者旅客的运输业务活动
	管道运输服务	管道设施输送气体、液体、固体物质的运输业务活动
邮政服务	邮政服务	函件、包裹等邮件寄递，以及邮票发行、报刊发行和邮政汇兑等业务活动
	邮政特殊服务	义务兵平常信函、机要通信、盲人读物和革命烈士遗物的寄递等业务活动
电信服务	基础电信服务	利用固网、移动网、卫星、互联网，提供语音通话服务的业务活动，以及出租或者出售带宽、波长等网络元素的业务活动
	增值电信服务	利用固网、移动网、卫星、互联网、有线电视网络，提供短信和彩信服务、电子数据和信息的传输及应用服务、互联网接入服务等业务活动
建筑服务	工程服务	与建筑物相连的各种设备或者支柱、操作平台的安装或者装饰工程作业，以及各种窑炉和金属结构工程作业
	安装服务	各种设备、设施的装配、安置工程作业，以及被安装设备的绝缘、防腐、保温、油漆等工程作业
	修缮服务	对建筑物、构筑物进行修补、加固、养护、改善，使之恢复原来的使用价值或者延长其使用期限的工程作业
	装饰服务	对建筑物、构筑物进行修饰装修，使之美观或者具有特定用途的工程作业
	其他建筑服务	除以上工程作业之外的各种工程作业服务

续表

分类	项目	内容
金融服务	贷款服务	各种占用、拆借资金取得的收入，以及融资性售后回租、押汇、罚息、票据贴现、转贷等业务取得的利息及利息性质的收入和以货币资金投资收取的固定利润或者保底利润
	直接收费金融服务	货币资金融通及其他金融业务提供相关服务并且收取费用的业务活动
	保险服务	人身保险服务和财产保险服务
	金融商品转让	转让外汇、有价证券、非货物期货和其他金融商品所有权的业务活动
现代服务	研发和技术服务	研发服务、技术转让服务、技术咨询服务、合同能源管理服务、工程勘察勘探服务
	信息技术服务	软件服务、电路设计及测试服务、信息系统服务和业务流程管理服务
	文化创意服务	设计服务、知识产权服务、广告服务和会议展览服务
	物流辅助服务	航空服务、港口码头服务、货运客运场站服务、打捞救助服务、装卸搬运服务、仓储服务和收派服务
	租赁服务	融资租赁服务和经营租赁服务
	鉴证咨询服务	认证服务、鉴证服务和咨询服务
	广播影视服务	广播影视节目（作品）的制作服务、发行服务和播映服务
	商务辅助服务	企业管理服务、经纪代理服务、人力资源服务、安全保护服务
	其他现代服务	除上述服务以外的现代服务
生活服务	文化体育服务	文化服务和体育服务
	教育医疗服务	教育服务和医疗服务
	旅游娱乐服务	旅游服务和娱乐服务
	餐饮住宿服务	餐饮服务和住宿服务
	居民日常服务	市容市政管理、家政、婚庆、养老、殡葬、照料和护理、救助救济、美容美发、按摩、桑拿、氧吧、足疗、沐浴、洗染、摄影扩印等服务
	其他生活服务	除上述服务以外的生活服务

2）销售无形资产。销售无形资产是指转让无形资产所有权或者使用权的业务活动。无形资产包括技术、商标、著作权、商誉、自然资源使用权和其他权益性无形资产。

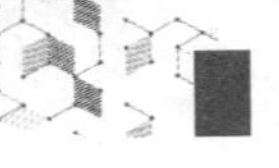

3）销售不动产。销售不动产是指转让不动产所有权的业务活动。不动产，是指不能移动或者移动后会引起性质、形状改变的财产，包括建筑物、构筑物等。

（4）进口货物

进口货物是指将货物从我国境外移送至我国境内的行为。税法规定，凡报关进口的应税货物，应于进口报关时向海关缴纳进口环节增值税（享受免税政策的货物除外）。

2. 特殊规定

（1）视同销售行为

单位或个体工商户的下列行为，属于视同销售行为：

1）将货物交付其他单位或者个人代销。

2）销售代销货物。

3）设有两个以上机构并实行统一核算的纳税人，将货物从一个机构移送至其他机构用于销售，但相关机构设在同一县（市）的除外。

4）将自产或者委托加工的货物用于非增值税应税项目。

5）将自产、委托加工的货物用于集体福利或者个人消费。

6）将自产、委托加工或者购进的货物作为投资，提供给其他单位或者个体工商户。

7）将自产、委托加工或者购进的货物分配给股东或者投资者。

8）将自产、委托加工或者购进的货物无偿赠送给其他单位或者个人。

9）单位或者个人向其他单位或者个人无偿提供服务、转让无形资产或者不动产，但用于公益事业或者以社会公众为对象的除外。

（2）混合销售行为

一项销售行为如果既涉及货物又涉及服务，为混合销售。

从事货物的生产、批发或者零售的单位和个体工商户的混合销售行为，按照销售货物缴纳增值税；其他单位和个体工商户的混合销售行为，按照销售服务缴纳增值税。例如生产货物的单位，在销售货物的同时附带安装，其销售货物及提供安装的行为属于混合销售行为，所收取的货物款项及安装费用应一律按销售货物计算缴纳增值税。

（3）兼营行为

兼营行为，是指纳税人发生的纳税行为，既包括销售货物、劳务，又包括销售服务、转让无形资产或者不动产，但销售货物、劳务、服务、无形资产或者不动产不同时发生在同一项销售行为中。

纳税人兼营销售货物、劳务、服务、无形资产或者不动产，适用不同税率或者征收率的，应当分别核算适用不同税率或者征收率的销售额；未分别核算销售额的，从高适用税率或者征收率。

四、增值税的税率与征收率

增值税一般纳税人采用一般计税方法，适用增值税税率；小规模纳税人采用简易计税方法，适用增值税征收率。一般纳税人发生财政部和国家税务总局规定的特定应税行为时，可以选择适用简易计税方法计税，适用增值税征收率。

1. 税率

从 2019 年 4 月 1 日起，一般纳税人适用的增值税税率有 13%、9%、6%和零税率四种，具体适用范围见表 2-2。

表 2-2　一般纳税人增值税税率及其适用范围

税率	适用范围
13%	1. 销售或进口货物（除适用 9%税率的货物外） 2. 提供加工、修理修配劳务 3. 提供有形动产租赁服务
9%	1. 销售或进口下列货物： （1）农产品（含粮食）、食用植物油、食用盐 （2）自来水、暖气、冷气、热水、煤气、石油液化气、天然气、二甲醚、沼气、居民用煤炭制品 （3）图书、报纸、杂志、音像制品、电子出版物 （4）饲料、化肥、农药、农机、农膜 （5）国务院规定的其他货物 2. 提供交通运输服务 3. 提供邮政服务 4. 提供基础电信服务 5. 提供建筑服务 6. 提供不动产租赁服务 7. 销售不动产 8. 转让土地使用权
6%	1. 提供增值电信服务 2. 提供金融服务 3. 提供现代服务（有形动产租赁服务、不动产租赁服务除外） 4. 提供生活服务 5. 销售无形资产（除土地使用权外）
零税率	1. 出口货物（国务院另有规定的除外） 2. 境内单位和个人发生财政部和国家税务总局规定范围内的跨境应税行为

2. 征收率

（1）小规模纳税人适用的征收率

1）销售货物、加工修理修配劳务、服务、无形资产的，征收率为 3%。

2）销售自己使用过的固定资产，减按2%征收率征收增值税。

3）销售自己使用过的除固定资产以外的物品，应按3%的征收率征收增值税。

4）小规模纳税人转让其取得的不动产，按照5%的征收率征收增值税。

5）小规模纳税人出租其取得的不动产（不含个人出租住房），按照5%的征收率征收增值税。

6）房地产开发企业（小规模纳税人）销售自行开发的房地产项目，按照5%的征收率征收增值税。

（2）一般纳税人适用的征收率

1）一般纳税人采用简易计税办法依照3%或3%减按2%的征收率征收增值税，具体适用范围见表2-3。

表2-3　适用简易计税办法项目明细表

征收率	适用范围
3%	1. 县级及县级以下小型水力发电单位生产的电力 2. 建筑用和生产建筑材料所用的沙、土、石料 3. 以自己采掘的沙、土、石料或其他矿物连续生产的砖、瓦、石灰 4. 用微生物、微生物代谢产物、动物毒素、人或动物的血液或组织制成的生物制品 5. 自来水 6. 商品混凝土 7. 寄售商店代销寄售物品 8. 典当业销售死当物品
3%减按2%	1. 一般纳税人销售旧货（所谓旧货，是指二次流通的具有部分使用价值的货物，但不包括自己使用过的物品） 2. 一般纳税人销售自己使用过的属于《增值税暂行条例》规定不得抵扣且未抵扣进项税额的固定资产

2）2016年5月1日起，一般纳税人发生特定应税服务，可以选择简易计税方法计税，但一经选择，36个月内不得变更，具体适用范围见表2-4。

表2-4　一般纳税人可选择简易计税方法的情形

适用3%征收率	适用5%征收率
1. 公共交通运输服务。包括轮客渡、公交客运、地铁、城市轻轨、出租车、长途客运、班车 2. 经认定的动漫企业为开发动漫产品提供的动漫脚本编撰、形象设计、背景设计、动画设计、分镜、动画制作、摄制、描线、上色、画面合成、配音、配乐、音效合成、剪辑、字幕制作、压缩转码（面向网络动漫、手机动漫格式适配）服务，以及在境内转让动漫版权（包括动漫品牌、形象或者内容的授权及再授权）	1. 销售、出租2016年4月30日前取得的不动产 2. 房地产开发企业销售、出租自行开发的房地产老项目（开工日期在2016年4月30日前）的 3. 以2016年4月30日前取得的不动产提供的融资租赁服务

续表

适用3%征收率	适用5%征收率
3. 电影放映服务、仓储服务、装卸搬运服务、收派服务和文化体育服务 4. 以纳入营改增试点之日前取得的有形动产为标的物提供的经营租赁服务 5. 在纳入营改增试点之日前签订的尚未执行完毕的有形动产租赁合同 6. 以清包工方式提供的建筑服务。清包工方式是指施工方不采购建筑工程所需的材料或只采购辅助材料，并收取人工费、管理费或者其他费用的建筑服务 7. 为甲供工程提供的建筑服务。甲供工程是指全部或部分设备、材料、动力由工程发包方自行采购的建筑工程 8. 提供非学历教育服务 9. 农村信用社、村镇银行、农村资金互助社、由银行业机构全资发起设立的贷款公司、法人机构在县（县级市、区、旗）及县以下地区的农村合作银行和农村商业银行提供金融服务收入 10. 自2018年5月1日起，生产销售和批发零售抗癌药品	4. 纳税人转让2016年4月30日前取得的土地使用权 5. 提供劳务派遣服务、安全保护服务（选择按照差额计税的） 6. 纳税人提供人力资源外包服务

（3）其他

1）其他个人销售其取得（不含自建）的不动产（不含其购买的住房），按照5%的征收率征收。

2）其他个人出租其取得的不动产（不含住房），按照5%的征收率计算应纳税额。

3）个人出租住房，依照5%的征收率减按1.5%计算应纳税额。

五、增值税的优惠政策

增值税的减免税等优惠政策由国务院规定，任何地区和部门都不得擅自出台优惠政策。现行的优惠政策主要有以下内容。

1. 法定免税项目

《增值税暂行条例》规定，下列项目免征增值税：

（1）农业生产者销售的自产农产品；

（2）避孕药品和用具；

（3）古旧图书；

（4）直接用于科学研究、科学试验和教学的进口仪器、设备；

（5）外国政府、国际组织无偿援助的进口物资和设备；

（6）由残疾人的组织直接进口供残疾人专用的物品；

（7）销售的自己使用过的物品。

2. 其他减免税的有关规定

（1）对销售下列自产货物实行免征增值税政策：①再生水；②以废旧轮胎为全部生产原料生产的胶粉；③翻新轮胎；④生产原料中掺兑废渣比例不低于30%的特定建材产品。

（2）对污水处理劳务免征增值税。

（3）对销售下列自产货物实行增值税即征即退的政策：①以工业废气为原料生产的高纯度二氧化碳产品；②以垃圾为燃料生产的电力或者热力，垃圾用量占发电燃料的比重不低于80%；③以煤炭开采过程中伴生的舍弃物油母页岩为原料生产的页岩油；④以废旧沥青混凝土为原料生产的再生沥青混凝土，废旧沥青混凝土用量占生产原料的比重不低于30%；⑤采用旋窑法工艺生产并且生产原料中掺兑废渣比例不低于30%的水泥（包括水泥熟料）。

（4）销售下列自产货物实现的增值税实行即征即退50%的政策：

①以退役军用发射药为原料生产的涂料硝化棉粉，退役军用发射药在生产原料中的比重不低于90%；②对燃煤发电厂及各类工业企业产生的烟气、高硫天然气进行脱硫生产的副产品；③以废弃酒糟和酿酒底锅水为原料生产的蒸汽、活性炭、白炭黑、乳酸、乳酸钙、沼气，废弃酒糟和酿酒底锅水在生产原料中所占的比重不低于80%；④以煤矸石、煤泥、石煤、油母页岩为燃料生产的电力和热力，煤矸石、煤泥、石煤、油母页岩用量占发电燃料的比重不低于60%；⑤利用风力生产的电力；⑥部分新型墙体材料产品。

（5）对销售自产的综合利用生物柴油实行增值税先征后退政策。综合利用生物柴油，是指以废弃的动物油和植物油为原料生产的柴油。废弃的动物油和植物油用量占生产原料的比重不低于70%。

（6）增值税一般纳税人销售其自行开发生产的软件产品（含将进口软件产品进行本地化改造后对外销售）按13%税率征收增值税后，对其增值税实际税负超过3%的部分实行即征即退政策。本地化改造是指对进口软件产品进行重新设计、改造、转换等，单纯对进口软件产品进行汉字化处理不包括在内。

（7）对农民专业合作社销售本社成员生产的农业产品，视同农业生产者销售自产农业产品，免征增值税；对农民专业合作社向本社成员销售的农膜、种子、种苗、化肥、农药、农机免征增值税。

知识链接

即征即退，指税务机关将应征的增值税征收入库后，即时退还；先征后退，指按

税法规定缴纳的税款，由税务机关征收入库后，再由税务机关按规定的程序给予部分或全部退税。先征后退与即征即退差不多，两者相比，先征后退有比较严格的退税程序和管理规定，所以两者在退税时间上有所差异。

3. 起征点

个人销售货物、提供应税劳务、提供应税服务的销售额未达到增值税起征点的，免征增值税；达到起征点的，全额计算缴纳增值税。

增值税起征点幅度如下：

（1）按期纳税的，为月销售额 5 000~20 000 元（含本数）。

（2）按次纳税的，为每次（日）销售额 300~500 元（含本数）。

起征点的调整由财政部和国家税务总局规定。省、自治区、直辖市财政厅（局）和国家税务局应当在规定的幅度内，根据实际情况确定本地区适用的起征点，并报财政部和国家税务总局备案。

4. 小微企业优惠政策

小规模纳税人发生增值税应税销售行为，合计月销售额未超过 15 万元的（以 1 个季度为 1 个纳税期的，季度销售额未超过 45 万元，下同），免征增值税；小规模纳税人发生增值税应税销售行为，合计月销售额超过 15 万元，但扣除本期发生的销售不动产的销售额后未超过 15 万元的，其销售货物、劳务、服务、无形资产取得的销售额免征增值税；适用增值税差额征税政策的小规模纳税人，以差额后的销售额确定是否可以享受本规定的免征增值税政策。

另外，自 2019 年 1 月 1 起，各省、自治区、直辖市人民政府对增值税小规模纳税人，可以在 50%税额幅度内减征资源税、城市维护建设税、房产税、印花税、城镇土地使用税、耕地占用税等地方税种及教育费附加等。

【任务实施】

解析：任务案例中天津津海公司的经营范围包括销售空调和空调的安装、维修服务，也就是说，顾客不买空调，公司也可以为顾客提供安装、维修空调的服务，而且两者没有必然的从属关系，属于兼营行为，企业应分别核算其销售额，按不同税率计算缴纳增值税。

任务二 增值税的计算

【任务导入】

甲公司为增值税一般纳税人，2020 年 7 月 20 日，该公司根据合同向乙公司发货 100 箱，每箱含税售价 1 200 元。甲公司代垫运费 2 000 元，承运部门（一般纳税人）将增值税专用发票开具给乙公司，当天甲公司办妥托收手续，托收金额为 122 000 元。

请问：甲公司该笔业务的销项税额应如何计算？

【相关知识】

增值税的计算方法有两种：一种是一般计税方法，仅适用于增值税一般纳税人；另一种是简易计税方法，主要适用于小规模纳税人。一般纳税人发生特殊业务也可以选择采用简易计税方法计算缴纳增值税。

一、小规模纳税人应纳税额的计算

小规模纳税人销售货物或者应税劳务，实行简易计税办法，按照销售额和规定的征收率计算应纳税额，不得抵扣进项税额。计算公式为：

应纳税额=不含税销售额×征收率

对小规模纳税人销售货物或者提供应税劳务采取销售额和增值税税款合并定价的，须将取得的含税销售额换算为不含税销售额，其计算公式为：

不含税销售额=含税销售额÷(1+征收率)

纳税人适用简易计税方法计税的，因销售折让、中止或者退回而退还给购买方的销售额，应当从当期销售额中扣减。扣减当期销售额后仍有余额造成多缴的税款，可以从以后应纳税额中扣减。

【例 2-1】某商业企业为增值税小规模纳税人，2020 年第三季度发生以下销售业务：

（1）销售给某小型超市一批洗衣液，取得含税销售额 20 600 元；

（2）将本季度所购化妆品销售给消费者，取得含税销售额 72 100 元；

（3）销售给某企业一批货物，取得不含税销货款 15 000 元，由税务机关代开增值税专用发票。

计算该商业企业第三季度的增值税应纳税额。

【解析】小规模纳税人计算增值税采用简易计税方法，应先确定其不含税销售额，该商业企业（1）（2）两项销售业务为含税销售额，第（3）项专用发票记载的销售额为不含税销售额，计算时应先将含税销售额换算为不含税销售额，即：

不含税销售额＝20 600÷(1+3%)+72 100÷(1+3%)+15 000＝105 000（元）

本季应纳税额＝105 000×3%＝3 150（元）

二、一般纳税人应纳税额的计算

增值税一般纳税人应纳税额的计算实行抵扣法，应纳税额为销项税额抵扣进项税额后的余额。其计算公式为：

当期应纳税额＝当期销项税额－当期准予抵扣的进项税额

1. 销项税额的计算

销项税额是纳税人发生应税行为，按照销售额和增值税税率计算，并向购买方收取的增值税税额，其计算公式为：

销项税额＝销售额×适用税率

（1）销售额的一般规定

依据增值税相关法律法规规定，销售额为纳税人销售货物或应税劳务向购买方收取的全部价款和价外费用。销售额包括以下两项内容：

1）销售货物或应税劳务向购买方收取的全部价款。

2）向购买方收取的各种价外费用（价外收入）。具体包括违约金、包装费、包装物租金、储备费、优质费、运输装卸费、代收款项、代垫款项及其他各种性质的价外收费。

销售额不包括向购买方收取的销项税额，因为增值税属于价外税，其税款不应包含在销售货物的价款中。此外，下列款项不包括在增值税纳税人的销售额中：

1）受托加工应征消费税的货物，由受托方代收代缴的消费税。

2）同时符合以下两个条件的代垫运费：①承运部门的运费发票开具给购买方，并由纳税人将该项发票转交给购买方；②纳税人只是为购货人代办运输业务代垫运费。

3）符合条件的代为收取的政府性基金或行政事业性收费。

4）销售货物的同时代办保险等而向购买方收取的保险费，以及向购买方收取的代购买方缴纳的车辆购置税、车辆牌照费等。

【例 2-2】甲公司销售给乙公司商品 1 000 件，每件不含税售价为 200 元，货物交由 A 运输公司运输，甲公司向乙公司收取代垫的运输费用 6 800 元，运费发票已转交给乙公司。计算甲公司此项业务的增值税销项税额。

【解析】根据题意可知，甲公司收取的代垫运输费用不是价外费用，不能并入销售额计征税额。

销项税额 = 1 000×200×13% = 26 000（元）

（2）含税销售额的换算

增值税实行价外计税，计算销项税额时，销售额中不应含有增值税税款。如果纳税人在销售货物或提供劳务时，将价款和税款合并定价收取价款时，须将含税销售额先换算成不含税销售额，作为增值税的计税依据。计算公式为：

不含税销售额 = 含税销售额÷(1+增值税税率)

小提示

1. 普通发票中注明的价款一定是含税价格，如商场向消费者销售的“零售价格”。

2. 增值税专用发票中记载的“价格”一定是不含税价格。

3. 增值税纳税人销售货物同时收取的价外费用或逾期包装物押金收入等一般为含税收入。

（3）特殊销售货物方式下销售额的确定

1）折扣销售。折扣销售也称商业折扣，是指销货方在销售货物，提供应税劳务，销售服务、无形资产或者不动产时，因购货方购买数量较多、促销等原因而给予的价格优惠。

纳税人采取折扣方式销售货物，如果销售额和折扣额在同一张发票上注明，可以按折扣后的销售额计税；如果将折扣额另开发票或在备注栏注明的，不论其在财务上如何处理，均不得从销售额中减除折扣额。

知识链接

税法中所指的折扣销售与现金折扣、销售折让是不同的。现金折扣又称销售折扣，

是指在采用赊销方式销售商品时，为了鼓励购货方及时偿还货款而给予的折扣优待。例如，规定在10天内付款的给予5%的货款折扣；15天付款的，折扣3%；一个月付款的，全价付款。现金折扣发生在销货之后，属于一种融资行为，折扣额不能从销售额中扣除。销售折让是指由于已售货物的品种或质量瑕疵等原因给予购买方的补偿，是原销售额的减少，折让额可以从销售额中减除。

【例2-3】某企业于2020年7月对外批发销售一批零件，每箱标价300元，共计1 000箱，由于购买方购买数量多，按9折优惠价格成交，并将折扣部分与销售额同开在一张发票上。合同还约定10日内付款给予1%的现金折扣，购买方如期付款。计算该企业此项业务的增值税销项税额。

【解析】该业务属于折扣销售，按折扣后的余额计征增值税；现金折扣额不能从销售额中扣除。

不含税销售额 $=300\times1\ 000\times90\%\div(1+13\%)\approx238\ 938.05$（元）

销项税额 $=238\ 938.05\times13\%\approx31\ 061.95$（元）

2）以旧换新。以旧换新是指纳税人在销售过程中，折价收回同类旧货物，并以折价款部分冲减货物价款的一种销售方式。

纳税人采取以旧换新方式销售货物的，应按新货物的同期销售价格确定销售额，不得扣除旧货物的回购价格（金银首饰除外）。

【例2-4】某企业于2020年8月采取以旧换新的方式销售产品100台，每台原价1 500元（不含税），按折价25%后收取款项，开具增值税专用发票。计算该企业此项业务的增值税销项税额。

【解析】该业务属于以旧换新方式销售货物，应按新货物的同期销售价格确定销售额，不得扣除旧货物的回购价格（金银首饰除外）。

不含税销售额 $=1\ 500\times100=150\ 000$（元）

销项税额 $=150\ 000\times13\%=19\ 500$（元）

3）还本销售。还本销售是指销货方将货物出售之后，按约定时间，一次或分次将购货款部分或全部退还给购货方，退还的货款即为还本支出。采取还本销售方式销售货物

的，其销售额就是货物的销售价格，不得从销售额中减除还本支出。

【例 2-5】某商场实行还本销售家具，家具现售价 16 500 元，5 年后还本 5 000 元，该商场此项业务的增值税应税销售额是多少？

【解析】还本销售方式销售货物的，其销售额就是货物的销售价格，不得从销售额中减除还本支出。该商场此项业务的增值税应税销售额为 16 500 元。

4）以物易物。以物易物是指购销双方不是以货币结算，而是以同等价款的货物相互结算，实现货物购销的一种方式。

以物易物，双方都应作购销处理，以各自发出的货物核算销售额并计算销项税额，以各自收到的货物按规定核算购货额并计算进项税额。在以物易物活动中，购销双方应分别开具合法票据，如收到的货物不能取得相应的增值税专用发票或其他合法票据的，不得抵扣进项税额。

【例 2-6】某空调生产企业生产 A 型号空调，出厂单价 0.2 万元（不含税），采取以物易物方式向乙厂提供 A 型号空调 2 000 台，乙厂向该企业提供等价的 B 配件 40 000 件。双方开出的均是普通发票。空调的型号、品质、价格等均完全一致。计算该企业此项业务的增值税销项税额。

【解析】以物易物双方都应作购销处理，以各自发出的货物核算销售额并计算销项税额。

销项税额 = 0.2×2 000×13% = 52（万元）

5）包装物租金、押金的计价。包装物租金作为价外费用，计入销售额计算销项税额；纳税人为销售货物而出租出借包装物所收取的押金，单独记账核算的，不计入销售额征税。但对逾期未收回包装物而不再退还的押金，应换算成不含税收入后计入销售额，按其所包装货物的适用税率计税。另外，对销售除啤酒、黄酒以外的其他酒类产品，其包装物押金一律计入销售额，一并计税。

【例 2-7】某企业 8 月没收逾期仍未收回的生产材料包装物押金 6 780 元。计算该企业此项业务的增值税销项税额。

【解析】对逾期未收回包装物而不再退还的押金，应换算成不含税收入后计入销售额。

销项税额 = 6 780÷(1+13%)×13% = 780（元）

（4）特殊销售服务方式下销售额的确定

1）贷款服务。以提供贷款服务取得的全部利息及利息性质的收入为销售额，不得扣除利息支出。

2）直接收费金融服务。以提供直接收费金融服务收取的手续费、佣金、酬金、管理费、服务费、经手费、开户费、过户费、结算费、转托管费等各类费用为销售额。

3）金融商品转让。按照卖出价扣除买入价后的余额为销售额。转让金融商品出现的正负差，按盈亏相抵后的余额为销售额。若相抵后出现负差，可结转下一纳税期与下期转让金融商品销售额相抵，但年末时仍出现负差的，不得转入下一个会计年度。金融商品转让，不得开具增值税专用发票。

4）经纪代理服务。以取得的全部价款和价外费用，扣除向委托方收取并代为支付的政府性基金或者行政事业性收费后的余额为销售额。向委托方收取的政府性基金或者行政事业性收费，不得开具增值税专用发票。

5）融资租赁和融资性售后回租业务。经批准提供融资租赁服务，以取得的全部价款和价外费用，扣除支付的借款利息、发行债券利息和车辆购置税后的余额为销售额；提供融资性售后回租服务，以取得的全部价款和价外费用（不含本金），扣除对外支付的借款利息、发行债券利息后的余额作为销售额。

6）航空运输企业的销售额。不包括代收的机场建设费和代售其他航空运输企业客票而代收转付的价款。

7）提供客运场站服务。以其取得的全部价款和价外费用，扣除支付给承运方运费后的余额为销售额。

8）提供旅游服务。可以选择以取得的全部价款和价外费用，扣除向旅游服务购买方收取并支付给其他单位或者个人的住宿费、餐饮费、交通费、签证费、门票费和支付给其他接团旅游企业的旅游费用后的余额为销售额。选择该办法计算销售额的试点纳税人，向旅游服务购买方收取并支付的上述费用，不得开具增值税专用发票，可以开具普通发票。

9）提供建筑服务适用简易计税方法的。以取得的全部价款和价外费用扣除支付的分包款后的余额为销售额。

10）房地产开发企业中的一般纳税人销售其开发的房地产项目（选择简易计税方法

的房地产老项目除外），以取得的全部价款和价外费用，扣除受让土地时向政府部门支付的土地价款后的余额为销售额。

11）销售其 2016 年 4 月 30 日前取得（不含自建）的不动产选择简易计税方法的，以取得的全部价款和价外费用减去该项不动产购置原价或者取得不动产时作价后的余额为销售额；自建的不动产，以取得的全部价款和价外费用为销售额。

上述 4~11 项规定从全部价款和价外费用中扣除的价款，应当取得符合法律、行政法规和国家税务总局规定的有效凭证，否则不得扣除。

（5）视同销售或售价明显偏低的销售额的确定

增值税纳税人销售价格明显偏低或偏高且不具有合理商业目的的，或者有视同销售行为而无销售额的，主管税务机关有权按下列顺序确定销售额：

1）按纳税人最近时期销售同类货物、劳务、服务、无形资产或者不动产的平均价格确定。

2）按其他纳税人最近时期销售同类货物、劳务、服务、无形资产或者不动产的平均价格确定。

3）按组成计税价格确定，组成计税价格的公式为：

$$组成计税价格=成本\times(1+成本利润率)$$

成本利润率由国家税务总局确定。

属于应征消费税的货物，其组成计税价格中应加计消费税税额；属于按从价定率征收消费税的货物，其组成计税价格公式中的成本利润率需按消费税的有关规定计算。

$$组成计税价格=(成本+利润)\div(1-消费税比例税率)$$

【例 2-8】某空调生产企业 8 月 26 日将自产的 A 型号空调 10 台捐赠给某小学，近期同类 A 型号空调的平均不含税售价为 1 500 元/台。8 月 30 日，该企业将 10 台新生产的 B 型号空调对联营公司进行投资，由于是新生产的产品，市场尚未有同类型产品销售，公司暂未确定其售价，该产品的生产成本为 3 000 元/台，产品成本利润率为 10%。计算该企业 8 月的增值税销项税额。

【解析】该企业将自产的产品对外捐赠及投资均应视同销售处理，A 型号空调可根据近期同类产品的平均销售价格确定销售额，B 型号空调近期无同类产品售价，应根据组成计税价格确定售价。

A 型号空调销项税额 = 1 500×10×13% = 1 950（元）

B 型号空调销项税额 = 3 000×10×(1+10%)×13% = 4 290（元）

8 月销项税额 = 1 950+4 290 = 6 240（元）

2. 进项税额的计算

纳税人购进货物、接受应税劳务和应税服务，支付或者负担的增值税税额为进项税额。

（1）准予抵扣的进项税额

1）从销售方取得的增值税专用发票上注明的增值税税额。

2）从海关取得的海关进口增值税专用缴款书上注明的增值税税额。

3）从境外单位或者个人购进劳务、服务、无形资产或者境内的不动产，自税务机关或者扣缴义务人取得的解缴税款的完税凭证上注明的增值税额。

4）纳税人购进用于生产销售或委托加工13%税率货物的农产品，按照农产品收购发票或者销售发票上注明的农产品买价和10%的扣除率计算进项税额，即：

$$进项税额=买价×扣除率10\%$$

买价包括纳税人购进农产品时在农产品收购发票或者销售发票上注明的价款和按规定缴纳的烟叶税。用于生产销售其他货物服务的，按照9%的税率或扣除率计算进项税额。

除上述规定外，纳税人购进农产品，取得一般纳税人开具的增值税专用发票或海关进口增值税专用缴款书的，以增值税专用发票或海关进口增值税专用缴款书上注明的增值税税额为进项税额；从按照简易计税方法依照3%的征收率计算缴纳增值税的小规模纳税人处取得增值税专用发票的，以增值税专用发票上注明的金额和9%的扣除率计算进项税额；取得（开具）农产品销售发票或收购发票的，以农产品销售发票或收购发票上注明的农产品买价和9%的扣除率计算进项税额。

5）旅客运输服务进项税额的抵扣。自2019年4月1日起，纳税人购进国内旅客运输服务，其进项税额允许从销项税额中抵扣。纳税人未取得增值税专用发票的，暂按照以下规定确定其进项税额：

①取得增值税电子普通发票的，为发票上注明的税额；

②取得注明旅客身份信息的航空运输电子客票行程单的，按照下列公式计算进项税额：

$$航空旅客运输服务进项税额=(票价+燃油附加费)÷(1+9\%)×9\%$$

③取得注明旅客身份信息的铁路车票的，按照下列公式计算进项税额：

$$铁路旅客运输服务进项税额=票面金额÷(1+9\%)×9\%$$

④取得注明旅客身份信息的公路、水路等其他客票的，按照下列公式计算进项税额：

$$公路、水路等其他旅客运输服务进项税额=票面金额÷(1+3\%)×3\%$$

（2）不得从销项税额中抵扣的进项税额

1）用于简易计税方法计税项目、免征增值税项目、集体福利或者个人消费的购进货

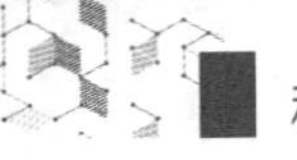

物、加工修理修配劳务、服务、无形资产和不动产。其中涉及的固定资产、无形资产、不动产，仅指专用于上述项目的固定资产、无形资产、不动产。

2）非正常损失的购进货物，以及相关的加工修理修配劳务和交通运输服务。

3）非正常损失的在产品、产成品所耗用的购进货物（不包括固定资产）、加工修理修配劳务和交通运输服务。

4）非正常损失的不动产，以及该不动产所耗用的购进货物、设计服务和建筑服务。

5）非正常损失的不动产在建工程所耗用的购进货物、设计服务和建筑服务。纳税人新建、改建、扩建、修缮、装饰不动产，均属于不动产在建工程。

6）购进的贷款服务、餐饮服务、居民日常服务和娱乐服务。

7）纳税人接受贷款服务向贷款方支付的与该笔贷款直接相关的投融资顾问费、手续费、咨询费等费用。

8）财政部和国家税务总局规定的其他情形。

非正常损失，是指因管理不善造成被盗、丢失、霉烂变质，以及因违反法律法规造成货物或者不动产被依法没收、销毁、拆除的情形。

纳税人取得的增值税扣税凭证不符合法律、行政法规或者国家税务总局有关规定的，其进项税额不得从销项税额中抵扣。

按照规定不得抵扣且未抵扣进项税额的固定资产、无形资产、不动产，发生用途改变，用于允许抵扣进项税额的应税项目，可在用途改变的次月按照下列公式计算可以抵扣的进项税额：

可以抵扣的进项税额=固定资产、无形资产、不动产净值/（1+适用税率）×适用税率

固定资产、无形资产或者不动产净值，是指纳税人根据财务会计制度计提折旧或摊销后的余额。

此外，一般计税方法的纳税人，兼营简易计税方法计税项目、免征增值税项目而无法划分不得抵扣的进项税额，按照下列公式计算不得抵扣的进项税额：

不得抵扣的进项税额=当期无法划分的全部进项税额×(当期简易计税方法计税项目销售额+免征增值税项目销售额)÷当期全部销售额

（3）扣减进项税额

由于增值税实行以当期进项税额抵扣当期销项税额的“购进扣税法”，如果事先未确定当期购进的货物或应税劳务是否用于非生产经营项目，其进项税额将在当期销项税额中被抵扣。但已抵扣进项税额的购进货物或应税劳务如果事后改变用途，如用于免征增值税项目、集体福利或个人消费，购进货物发生非正常损失、在产品或产成品发生非正常损失等，应将该项购进货物或应税劳务的进项税额从当期进项税额中扣减；无法确定该进项税额的，按当期外购项目的实际成本计算应扣减的进项税额。

小提示

一般纳税人因购进货物退回或者折让而收回的增值税税额，应从发生购进货物退回或者折让当期的进项税额中扣减。

【例 2-9】某企业为增值税一般纳税人，2020 年 12 月外购原材料一批用于产品生产，取得的增值税专用发票上注明价款为 300 万元，增值税为 39 万元。入库后由于管理不善，造成一部分原材料霉烂变质，经核实占本批采购原材料数额的 6%。本月另向农民收购一批农产品，收购凭证上注明买价为 50 万元，并支付运费，取得增值税专用发票上注明的运费为 6 万元，购进后将其中的 50%农产品用于发放职工福利。

计算该企业 12 月可以抵扣的增值税进项税额。

【解析】非正常损失的购进货物的进项税额不得抵扣；一般纳税人购进农产品，除购进用于生产销售或委托加工 13%税率货物的农产品采用 10%扣除率计算进项税额外，其余均采用 9%的扣除率计算进项税额；将外购的货物用于集体福利，则相应的进项税额不得抵扣。

允许抵扣的进项税额＝39×(1−6%)+(50×9%+6×9%)×(1−50%)＝39.18（万元）

3. 应纳税额的计算

增值税应纳税额＝当期销项税额−当期准予抵扣的进项税额

上式计算结果为正数，则为当期应纳增值税税额；计算结果如果为负数，则形成留抵税额，待下期抵扣，下期应纳税额的计算公式变为：

增值税应纳税额＝当期销项税额−当期准予抵扣的进项税额−上期留抵税额

【例 2-10】某电动汽车公司为增值税一般纳税人，2020 年 7 月尚未抵扣完的进项税额为 0.61 万元。该企业 2020 年 7 月有关生产经营业务如下：

（1）以交款提货方式销售 A 型电动汽车 10 辆给汽车销售公司，每辆不含税售价 16 万元，开具增值税专用发票，款项全部收回。

（2）销售 B 型电动汽车 50 辆给特约经销商，每辆不含税售价 15 万元，向特约经销商开具了增值税专用发票。

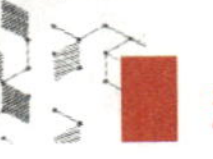

（3）将某单位逾期未退还包装物押金6万元转作其他业务收入。

（4）当月购进原材料取得税控专用发票，注明金额600万元、进项税额78万元，支付购进原材料运费取得增值税专用发票，注明运费30万元、税款2.7万元；支付装卸费，取得增值税专用发票，注明装卸费4万元、税款0.24万元。

（5）当月因管理不善发生意外事故，损失库存原材料金额40万元，经批准，计入营业外支出。

（6）委托某企业加工一批零件，发出原材料成本200万元，支付加工费8万元（不含税），材料加工完成后验收入库。

（7）企业将购进的轮胎用于企业职工集体福利。按企业材料成本计算方法确定，该材料成本为60万元，其进项税额为7.8万元。

计算该公司本月应缴纳的增值税税额。

【解析】

第一步：逐笔分析经济业务，确定是销项税额还是进项税额，并计算出具体数额。

（1）销售A型电动汽车给汽车销售公司应纳增值税，则：

销项税额 $=10\times16\times13\%=20.8$（万元）

（2）销售B型电动汽车给特约经销商应纳增值税，则：

销项税额 $=50\times15\times13\%=97.5$（万元）

（3）逾期未退还的包装物押金应纳增值税，且押金是含税价，因此需换算为不含税价后征收增值税，则：

销项税额 $=6\div(1+13\%)\times13\%\approx0.6903$（万元）

（4）购进原材料、支付运费和装卸费均取得增值税专用发票，其进项税额允许抵扣，则：

进项税额 $=78+2.7+0.24=80.94$（万元）

（5）管理不善造成原材料损失属于非正常损失，其进项税额不允许抵扣，则：

进项税额转出 $=40\times13\%=5.2$（万元）

（6）委托加工支付的加工费，其进项税额允许抵扣，则：

进项税额 $=8\times13\%=1.04$（万元）

（7）企业将购进的货物改变用途用于企业职工集体福利，其进项税额不允许抵扣，则：

进项税额转出 $=7.8$（万元）

（8）上期留抵进项税额0.61万元。

第二步，计算本期应纳增值税额。

当期应纳税额=20.8+97.5+0.690 3-80.94-1.04+5.2+7.8-0.61=49.400 3（万元）

三、进口货物应纳税额的计算

无论是一般纳税人还是小规模纳税人，申报进口货物都应缴纳增值税，并按规定的组成计税价格和规定的税率计算增值税。应纳税额的计算公式为：

应纳税额=组成计税价格×税率

组成计税价格的构成分两种情况：

（1）进口货物不征收消费税，则：

组成计税价格=关税完税价格+关税

=关税完税价格×(1+关税税率)

（2）进口货物征收消费税，则：

组成计税价格=关税完税价格+关税+消费税

=(关税完税价格+关税)÷(1-消费税税率)

=关税完税价格×(1+关税税率)÷(1-消费税税率)

【例 2-11】某汽车生产企业当月进口小汽车成套配件一批，关税完税价格为 78 万美元，已知小汽车成套配件进口关税税率为 30%，当日人民币汇率中间价为 1∶6.2。计算该汽车生产企业进口小汽车成套配件应纳增值税税额。

【解析】根据增值税法律制度规定，进口货物应纳增值税按照组成计税价格和规定税率计算。

应纳增值税税额=78×6.2×(1+30%)×13%=81.728 4（万元人民币）

四、扣缴义务人应扣缴税额的计算

境外单位或者个人在境内销售服务、无形资产或者不动产，在境内未设有经营机构的，扣缴义务人按照下列公式计算应扣缴增值税税额：

应扣缴增值税税额=购买方支付的价款÷(1+税率)×税率

【例 2-12】境外公司为某纳税人提供咨询服务，合同价款为 106 万元，且该境外公司没有在境内设立经营机构，应以服务购买方为增值税扣缴义务人，计算购买方应

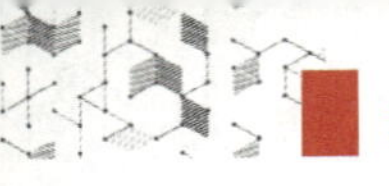

当扣缴增值税税额。

【解析】应扣缴增值税税额 = 106÷(1+6%)×6% = 6（万元）

【任务实施】

解析：任务案例中该业务运费由购买方乙公司承担，所以不计入甲公司销售额，甲公司货物售价为含税价，所以应先换算成不含税销售额再计税。

甲公司销项税额 = 1 200×100÷(1+13%)×13% ≈ 13 805.31（元）

任务三 增值税的征收管理与纳税申报

【任务导入】

A 公司为增值税一般纳税人，该公司在济南注册经营，主要销售太阳能热水器，2020 年 10 月 A 公司采取直接收款方式销售给上海某公司一批太阳能热水器，取得销售收入。11 月采取赊销的方式销售给北京某企业一批太阳能热水器，签订合同约定收款时间，货物已发出。12 月委托其他纳税人代销一批太阳能热水器，于 12 月 31 日收到部分代销货款。

该公司作为增值税一般纳税人，就所发生的销售太阳能热水器业务，应承担增值税纳税义务。请分析：A 公司应在哪里进行纳税申报？应在什么期限完成纳税申报？

【相关知识】

一、增值税纳税义务发生时间

1. 销售货物或者应税劳务，增值税纳税义务发生时间为收讫销售款项或者取得索取销售款项凭据的当天；先开具发票的，为开具发票的当天。按销售结算方式的不同，具体分为下列几种情形：

（1）采取直接收款方式销售货物，不论货物是否发出，纳税义务发生时间均为收到销售款或者取得索取销售款凭据的当天。

（2）采取托收承付和委托银行收款方式销售货物，纳税义务发生时间为发出货物并办妥托收手续的当天。

（3）采取赊销和分期收款方式销售货物，纳税义务发生时间为书面合同约定的收款

日期的当天；无书面合同的或者书面合同没有约定收款日期的，纳税义务发生时间为货物发出的当天。

（4）采取预收货款方式销售货物，纳税义务发生时间为货物发出的当天；但销售生产工期超过 12 个月的大型机械设备、船舶、飞机等货物，纳税义务发生时间为收到预收款或者书面合同约定的收款日期的当天。

（5）纳税人提供建筑服务、租赁服务采取预收款方式的，纳税义务发生时间为收到预收款的当天。

（6）销售应税劳务，纳税义务发生时间为提供劳务的同时收讫销售款或者取得索取销售款凭据的当天。

（7）委托其他纳税人代销货物，纳税义务发生时间为收到代销单位的代销清单或者收到全部或者部分货款的当天。未收到代销清单及货款的，为发出代销货物满 180 天的当天。

（8）纳税人从事金融商品转让的，纳税义务发生时间为金融商品所有权转移的当天。

（9）纳税人发生视同销售行为的，纳税义务发生时间为货物移送，服务、无形资产转让完成的当天或者不动产权属变更的当天。

2. 进口货物，增值税纳税义务发生时间为报关进口的当天。

3. 增值税扣缴义务发生时间为纳税人增值税纳税义务发生的当天。

二、增值税纳税地点

1. 固定业户纳税地点

（1）固定业户应当向其机构所在地的主管税务机关申报纳税。总机构和分支机构不在同一县（市）的，应当分别向各自所在地的主管税务机关申报纳税；经国务院财政、税务主管部门或者其授权的财政、税务机关批准，可以由总机构汇总向总机构所在地的主管税务机关申报纳税。

（2）固定业户到外县（市）销售货物或者应税劳务，应当向其机构所在地的主管税务机关申请开具“外出经营活动税收管理证明”，并向其机构所在地的主管税务机关申报纳税；未开具证明的，应当向销售地或者劳务发生地的主管税务机关申报纳税；未向销售地或者劳务发生地的主管税务机关申报纳税的，由其机构所在地的主管税务机关补征税款。

2. 非固定业户销售货物或者应税劳务，应当向销售地或者劳务发生地的主管税务机关申报纳税；未向销售地或劳务发生地的主管税务关申报纳税的，由其机构所在地或者居住地的主管税务机关补征税款。

3. 其他个人提供建筑服务、销售或者租赁不动产、转让自然资源使用权，应向建筑

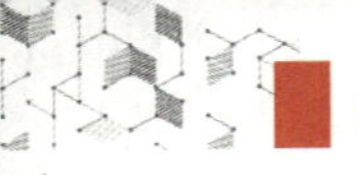

服务发生地、不动产所在地、自然资源所在地的主管税务机关申报纳税。

4. 纳税人销售或者租赁不动产，在不动产所在地预缴税款后，向机构所在地的主管税务机关进行纳税申报。

5. 进口货物，应当向报关地海关申报纳税。

6. 扣缴义务人应当向其机构所在地或者居住地的主管税务机关申报缴纳扣缴的税款。

三、增值税纳税期限

增值税纳税期限是指纳税人按照税法规定缴纳税款的期限。增值税的纳税期限分别为1日、3日、5日、10日、15日、1个月或者1个季度。纳税人的具体纳税期限，由主管税务机关根据纳税人应纳税额的大小分别核定。以1个季度为纳税期限的规定适用于小规模纳税人、银行、财务公司、信托投资公司、信用社，以及财政部和国家税务总局规定的其他纳税人。不能按固定期限纳税的，可以按次纳税。

纳税人以1个月或1个季度为1个纳税期的，自期满之日起15日内申报纳税；以1日、3日、5日、10日或15日为1个纳税期的，自期满之日起5日内预缴税款，于次月1日起15日内申报纳税并结清上月应纳税款。遇最后一日为法定节假日的，顺延1日；在每月1日至15日内有连续3日以上法定休假日的，按休假日天数顺延。

纳税人进口货物，应当自海关填发海关进口增值税专用缴款书之日起15日内缴纳税款。

四、增值税纳税申报

1. 一般纳税人的纳税申报

（1）申报程序

在办理税款申报前，还需完成专用发票认证（或选择抵扣）、抄税、报税、办理申报等工作。

1）专用发票认证（或选择抵扣）。增值税专用发票的认证方式可选择手工认证和网上认证。手工认证是单位办税员月底持专用发票“抵扣联”到所属主管税务机关服务大厅“认证窗口”进行认证；网上认证是纳税人月底前通过扫描仪将专用发票抵扣联扫入认证专用软件，生成电子数据，将数据文件传给税务机关完成认证。自2019年3月1日起，一般纳税人对取得的增值税专用发票可以不再进行认证，而通过增值税发票税控开票软件登录本省（自治区、直辖市和计划单列市）增值税发票综合服务平台，查询、选择用于申报抵扣、出口退税或者代办退税的增值税发票信息。

2）抄报税。增值税发票管理系统专用设备有金税盘、税控盘、税务UKey，纳税人根据税务机关要求，结合自身需要，选择任意一种专用设备并使用相应版本的增值税发票开票软件。纳税人应在纳税申报期内将上月开具发票汇总情况通过增值税发票开票软件进行网络报税。月初，在计算机连接互联网状态下登录增值税发票开票软件，在网络通

畅的情况下，开票软件会自动进行汇总上传（使用金税盘的纳税人）或自动上报汇总（使用税控盘或税务 UKey 的纳税人）。若因网络原因未能自动上传，纳税人需要在网络通畅的情况下，手动点击增值税发票开票软件“汇总处理—汇总上传”（使用金税盘的纳税人）或者“数据管理—汇总上传—上报汇总”（使用税控盘或税务 UKey 的纳税人）完成抄报税。

按照有关规定不使用网络办税或不具备网络条件的特定纳税人，以离线方式开具发票，不受离线开票时限和离线开具发票总金额限制。特定纳税人的相关信息由主管税务机关在综合征管系统中设定，并同步至增值税发票管理系统。特定纳税人不使用网络报税，需携带专用设备（金税盘、税控盘、税务 UKey）和相关资料到税务机关进行报税。

3）办理申报。申报工作可分为上门申报和网上申报。上门申报是指在申报期内，携带填写的申报表、资产负债表、利润表及其他相关材料到主管税务机关办理纳税申报，税务机关审核后将申报表退还一联给纳税人。网上申报是指纳税人在征税期内，通过互联网将增值税纳税申报表主表、附表及其他必报资料的电子信息传送至电子申报系统，纳税人应从办理税务登记的次月 1 日起 15 日内，不论有无销售额均应按主管税务机关核定的纳税期限按期向当地税务机关申报。

4）清卡（反写监控）。金税盘的清卡等同于税控盘（税务 Ukey）反写监控，二者意思相同。在纳税人增值税申报表申报成功后，在计算机连接互联网状态下重新登录增值税发票开票软件，在网络通畅的情况下，开票软件会自动进行清卡（使用金税盘的纳税人）或自动反写监控（使用税控盘或税务 UKey 的纳税人）。若因网络原因未能自动清卡或自动反写监控，纳税人需要在网络通畅的情况下，手动点击增值税发票开票软件“汇总处理—远程清卡”（使用金税盘的纳税人）或者“数据管理—汇总上传—反写监控”（使用税控盘或税务 UKey 的纳税人）完成清卡（反写监控）。

5）税款缴纳。签订了划缴税款三方协议的纳税人，可以在纳税申报完成后通过电子税务局在线划缴税款。无论是否签订三方协议，纳税人均可以携带电子税务局生成的银行端查询缴款凭证、税务机关开具的纸质税收缴款书到开户银行进行转账缴纳或者到其他银行进行现金缴纳。

（2）纳税申报须提供资料

1）增值税纳税申报表及其附表和增值税减免税申报明细表。

2）其他必报资料包括：①金税盘、税控盘或税务 UKey；②资产负债表和利润表；③海关完税凭证抵扣清单；④代开发票抵扣清单；⑤主管税务机关规定的其他必报资料。

3）备查资料包括：①已开具普通发票存根联；②符合抵扣条件并且在本期申报抵扣的增值税专用发票抵扣联；③海关进口货物完税凭证、购进农产品普通发票存根联原件及复印件；④收购发票；⑤代扣代缴税款凭证存根联；⑥主管税务机关规定的其他备查

资料。备查资料是否需要在当期报送，由各级主管税务机关确定。

【例 2-13】某空调生产企业 2020 年 1 月于青岛被批准为增值税一般纳税人，目前的纳税信用等级为 B 级。该公司主要从事空调生产、安装服务。公司地址为青岛市香港中路 123 号，统一社会信用代码为 91370282679513457X，开户银行及账号为工行青岛市香港路支行 2008829672131，法定代表人为张强，财务负责人为王希。公司 2020 年 7 月的期初未交增值税为 2 540 元，7 月发生下列经济业务：

（1）销售 A 型号空调 50 台，不含税单价为 8 000 元。货款收到后，向购买方开具了增值税专用发票，并将提货单交给了购买方。截至月底，购买方尚未提货。

（2）将 20 台新生产的 B 型号空调分配给投资者，单位成本为 6 000 元。该产品尚未投放市场。

（3）当月因管理不善丢失库存乙配件 800 件，每件单位成本为 20 元，作待处理财产损溢处理。

（4）当月发生购进货物的全部进项税额为 70 000 元。

（5）申报缴纳上月应纳税额 2 540 元。

其他相关资料：上月进项税额已全部抵扣完毕，本月取得的进项税额抵扣凭证均已申报抵扣。购销货物增值税税率均为 13%，税务局核定的 B 产品成本利润率为 10%。

请问：

1. 该企业本月发生的进项税额是否都可以抵扣？

2. 该企业本月应纳增值税如何计算？

3. 该企业应在什么时间进行增值税纳税申报？

【解析】

1. 该企业本月丢失的库存乙配件属于非正常损失，对应进项税额不允许抵扣。

2.（1）当月销项税额 = [50×8 000+20×6 000×(1+10%)]×13% = 69 160（元）

（2）当月可抵扣进项税额 = 70 000−20×800×13% = 67 920（元）

（3）当月增值税应纳税额 = 69 160−67 920 = 1 240（元）

3. 纳税人无论当期有无销售或是否盈利，均应在次月 1 日至 15 日内进行纳税申报，所以该企业应在 8 月 1 日至 8 月 15 日之间完成纳税申报。

王希依据《增值税暂行条例》填报本公司 7 月增值税纳税申报表（见表 2-5）。

表 2-5　增值税纳税申报表（一般纳税人适用）

根据国家税收法律法规及增值税相关规定制定本表。纳税人不论有无销售额，均应按税务机关核定的纳税期限填写本表，并向当地税务机关申报。

税款所属期时间：2020 年 7 月 1 日至 7 月 31 日　填表日期：2020 年 8 月 5 日　金额单位：元至角分

纳税人识别号	9	1	3	7	0	2	8	2	6	7	9	5	1	3	4	5	7	X

所属行业：工业

纳税人名称	（公章）	法定代表人姓名	张强	注册地址		生产经营地址	青岛市香港中路 123 号
开户银行及账号	工行青岛市香港路支行 2008829672131	登记注册类型			制造业	电话号码	81234567

项目		栏次	一般项目		即征即退项目	
			本月数	本年累计	本月数	本年累计
销售额	（一）按适用税率计税销售额	1	532 000			
	其中：应税货物销售额	2	532 000			
	应税劳务销售额	3				
	纳税检查调整的销售额	4				
	（二）按简易办法计税销售额	5				
	其中：纳税检查调整的销售额	6				
	（三）免、抵、退办法出口销售额	7			—	—
	（四）免税销售额	8			—	—
	其中：免税货物销售额	9			—	—
	免税劳务销售额	10			—	—
税款计算	销项税额	11	69 160			
	进项税额	12	70 000			
	上期留抵税额	13				—
	进项税额转出	14	2 080			
	免、抵、退应退税额	15			—	—
	按适用税率计算的纳税检查应补缴税额	16			—	—
	应抵扣税额合计	17=12+13−14−15+16	67 920	—		—

续表

项目		栏次	一般项目		即征即退项目	
			本月数	本年累计	本月数	本年累计
税款计算	实际抵扣税额	18（如 17<11，则为 17，否则为 11）	67 920			
	应纳税额	19=11-18	1 240			
	期末留抵税额	20=17-18				—
	简易计税办法计算的应纳税额	21				
	按简易计税办法计算的纳税检查应补缴税额	22			—	—
	应纳税额减征额	23				
	应纳税额合计	24=19+21-23	1 240			
税款缴纳	期初未缴税额（多缴为负数）	25	2 540			
	实收出口开具专用缴款书退税额	26			—	—
	本期已缴税额	27=28+29+30+31	2 540			
	①分次预缴税额	28		—		—
	②出口开具专用缴款书预缴税额	29		—	—	—
	③本期缴纳上期应纳税额	30	2 540			
	④本期缴纳欠缴税额	31				
	期末未缴税额（多缴为负数）	32=24+25+26-27	1 240			
	其中：欠缴税额（≥0）	33=25+26-27		—		—
	本期应补（退）税额	34=24-28-29	1 240	—		—
	即征即退实际退税额	35	—	—		
	期初未缴查补税额	36			—	—
	本期入库查补税额	37			—	—
	期末未缴查补税额	38=16+22+36-37			—	—

续表

授权声明	如果你已委托代理人申报，请填写下列资料： 为代理一切税务事宜，现授权 （地址）为本纳税人的代理申报人，任何与本申报表有关的往来文件，都可寄予此人。 授权人签字：	申报人声明	本纳税申报表是根据国家税收法律法规及相关规定填报的，我确定它是真实的、可靠的、完整的。 声明人签字：

主管税务机关：　　　　　　　　　　接收人：

2. 小规模纳税人的纳税申报

小规模企业无论当季有无销售额，均应填报增值税纳税申报表（适用于小规模纳税人），并于季满次月15日前报主管税务机关。

纳税申报时须提供以下资料：

（1）增值税小规模纳税人纳税申报表及其附列资料。

（2）资产负债表和利润表。

（3）主管税务机关要求的其他资料。

【例2-14】王欣为广州市星月公司的税务会计兼财务负责人，该公司为增值税小规模纳税人，主要从事生活用品的销售，其法定代表人为刘文，纳税人识别号为：33467972287567811323。2020年4月5日，王欣准备申报缴纳增值税，他整理了上个季度公司发生的各项业务：

（1）1月4日，销售给某小型超市一批毛巾，取得含税销售收入5 000元。

（2）2月13日，购进肥皂一批，货款3 000元，增值税390元。

（3）2月22日，将本月所购肥皂销售，取得含税销售收入4 000元。

（4）3月29日，销售给某企业货物一批，取得销售收入20 000元（不含税），由税务机关代为开具增值税专用发票。

请计算该企业本季度增值税应纳税额。

【解析】

第一步，确定不含税销售额。

不含税销售额＝5 000÷(1+3%)+4 000÷(1+3%)≈8 737.87（元）

第二步，确定本月销售额。

本月销售额合计＝8 737.87+20 000＝28 737.87（元）

第三步，确定本月应纳税额。

本月应纳税额＝28 737.87×3%≈862.14（元）

根据小规模纳税人的税收优惠政策，小规模纳税人 2020 年发生增值税应税销售行为，合计月销售额未超过 10 万元的（以 1 个季度为 1 个纳税期的，季度销售额未超过 30 万元），没有开具增值税专用发票的部分收入免征增值税。但该公司仍需进行增值税纳税申报。

下面以广州市星月公司财务负责人王欣申报缴纳 1 季度增值税业务为例说明小规模纳税人增值税纳税申报表的填报方法，见表 2-6。

表 2-6　增值税纳税申报表（小规模纳税人适用）

纳税人识别号：

3	3	4	6	7	9	7	2	2	8	7	5	6	7	8	1	1	3	2	3

纳税人名称（公章）：　　　　金额单位：元至角分

税款所属期：2020 年 1 月 1 日至 2020 年 3 月 31 日　　　　填表日期：2020 年 4 月 5 日

	项目	栏次	本期数		本年累计	
			货物及劳务	服务、不动产和无形资产	货物及劳务	服务、不动产和无形资产
一、计税依据	（一）应征增值税不含税销售额（3%征收率）	1	20 000			
	税务机关代开的增值税专用发票不含税销售额	2	20 000			
	税控器具开具的普通发票不含税销售额	3				
	（二）销售、出租不动产不含税销售额（5%征收率）	4	—		—	

续表

	项目	栏次	本期数		本年累计	
			货物及劳务	服务、不动产和无形资产	货物及劳务	服务、不动产和无形资产
一、计税依据	税务机关代开的增值税专用发票不含税销售额	5	—		—	
	税控器具开具的普通发票不含税销售额	6	—		—	
	（三）销售使用过的应税固定资产不含税销售额	7（7≥8）		—		—
	其中：税控器具开具的普通发票不含税销售额	8		—		—
	（四）免税销售额	9＝10+11+12	8 737.87			
	其中：小微企业免税销售额	10	8 737.87			
	未达起征点销售额	11				
	其他免税销售额	12				
	（五）出口免税销售额	13（13≥14）				
	其中：税控器具开具的普通发票销售额	14				
二、税款计算	本期应纳税额	15	600.00			
	本期应纳税额减征额	16				
	本期免税额	17	262.14			
	其中：小微企业免税额	18	262.14			
	未达起征点免税额	19				
	应纳税额合计	20＝15−16	600.00			
	本期预缴税额	21			—	—
	本期应补（退）税额	22＝20−21	600.00		—	—

续表

<table>
<tr><td rowspan="4">纳税人或代理人声明：
本纳税申报表是根据国家税收法律法规及相关规定填报的，我确定它是真实的、可靠的、完整的。

声明人签字：</td><td colspan="2">如纳税人填报，由纳税人填写以下各栏：</td></tr>
<tr><td>办税人员：
法定代表人：</td><td>财务负责人：
联系电话：</td></tr>
<tr><td colspan="2">如委托代理人填报，由代理人填写以下各栏：</td></tr>
<tr><td>代理人名称（公章）：
联系电话：</td><td>经办人：</td></tr>
</table>

主管税务机关：　　　　接收人：　　　　接收日期：

【任务实施】

解析：任务案例中 A 公司 10 月采取直接收款方式销售货物，不论货物是否发出，均为收到销售款或者取得索取销售款凭据的当天发生纳税义务；11 月采取赊销方式销售货物的，为书面合同约定的收款日期当天发生纳税义务；12 月委托其他纳税人代销太阳能热水器，为收到代销单位的代销清单或者收到全部或部分货款的当天发生纳税义务。无论当期有无销售或是否盈利，均应在纳税义务发生的次月 1 日至 15 日内进行纳税申报，所以 A 公司应分别在 2020 年 11 月 1 日至 11 月 15 日、12 月 1 日至 15 日、2021 年 1 月 1 日至 15 日之间完成纳税申报；该公司为固定业户，应当向其机构所在地的主管税务机关申报纳税，所以 A 公司应当向济南的主管税务机关进行申报纳税。

思考与练习

1. 增值税纳税人有哪些类型？划分标准是什么？
2. 混合销售行为和兼营行为有哪些区别？应如何进行税务处理？
3. 不准予抵扣进项税额的情形有哪些？
4. 如何确定视同销售行为的计税销售额？

项目三
消费税的计算与申报

学习目标

知识目标

1. 熟悉消费税的概念、特点。
2. 掌握消费税的征税范围、纳税人、税率等基本税制要素。
3. 掌握消费税计税依据的确定方法、计税公式。
4. 掌握消费税征收管理的相关规定。

能力目标

1. 能根据企业相关业务资料进行消费税纳税义务人的判断。
2. 能根据企业业务资料熟练正确地进行消费税应纳税额的计算。
3. 能根据企业业务资料规范填写消费税纳税申报表。

思维导图

- 项目三 消费税的计算与申报
  - 任务一 认识消费税
    - 消费税的概念和特点
    - 消费税的征税范围：15个
    - 消费税的纳税环节：生产销售应税消费品、委托加工应税消费品、进口应税消费品、特殊规定
    - 消费税的纳税义务人
    - 消费税的税率
  - 任务二 消费税的计算
    - 消费税应纳税额计算的一般规定：从价定率计征、从量定额计征、复合计征
    - 消费税应纳税额计算的特殊规定：自产自用或视同销售应税消费品的计税、委托加工应税消费品的计税、进口应税消费品的计税、外购或委托加工收回或进口的应税消费品且用于连续生产应税消费品的计税
  - 任务三 消费税的征收管理与纳税申报
    - 消费税的征收管理：纳税义务发生时间、纳税地点、纳税期限、
    - 消费税的纳税申报

任务一　认识消费税

【任务导入】

A 酒厂为增值税一般纳税人，主要生产粮食白酒和啤酒。2020 年 6 月销售白酒 50 000 斤，取得不含税销售额 100 000 元，收取包装物押金 9 040 元。

请问：该酒厂生产销售白酒除缴纳增值税外，还需要缴纳其他流转税吗？

【相关知识】

消费税的历史源远流长，古罗马时期的盐税、酒税实质上都是对货物征收的消费税。迄今已有 120 多个国家和地区开征消费税，但具体名称和征收方式不尽相同，有的叫货物税，有的叫奢侈品税，还有的国家按征税对象确定税种名称，如烟税、酒税、矿物油税等。我国现行消费税是在 1994 年国家全面税制改革中开始独立设置的一个税种，是在增值税普遍调节的基础上，对某些特殊消费品进行的特殊调节。

一、消费税的概念和特点

1. 消费税的概念

消费税是对在我国境内从事生产、委托加工和进口应税消费品的单位和个人，就其销售额或销售数量，在特定环节征收的一种税。简单地说，消费税是对特定的消费品和消费行为征收的一种税。

2. 消费税的特点

（1）课征范围具有选择性

消费税一般选择特定的消费品或消费行为征收，并设计了不同的税率，表现出明显的调控目的和政策导向。消费税的税目主要是奢侈品、高能耗或高档消费品、限制消费品、不可再生和替代资源以及一些具有特定财政意义的普通消费品。

（2）征收环节具有单一性

在征税环节上消费税与增值税相比，消费税仅选择在生产或零售等某一环节征收，征收环节具有单一性。

（3）税率具有灵活性、差别性

消费税针对不同税目设置高低不同的税率，以体现消费税的调节作用。

（4）征收方法具有多样性

消费税既有从价定率征收，又有从量定额征收，还有复合征收的方式，计税准确、管理简便、易于操作。

（5）税款征收具有重叠性

消费税的税目同时也是增值税的税目，消费税是在普遍征收增值税的基础上，再加征的一道税，具有重叠课征的特点。

（6）税收负担具有转嫁性

消费税是一种典型的间接税，尽管立法往往选择在生产环节征税，但其立法预期是纳税人可以通过销售价格的调整将所缴纳的消费税转嫁给消费者，从而达到调节消费者的消费意向的目的。

二、消费税的征税范围

1. 烟

凡是以烟叶为原料加工生产的产品，不论使用何种辅料，均属于本税目的征收范围。本税目包括卷烟、雪茄烟、烟丝3个子目。

2. 酒

本税目包括白酒（含粮食白酒和薯类白酒）、黄酒、啤酒、其他酒，共4个子目。调味料酒不属于消费税的征税范围；饮食业、商业、娱乐业举办的啤酒屋（啤酒坊）利用啤酒生产设备生产的啤酒、果啤属于啤酒税目，应当征收消费税。

3. 高档化妆品

本税目含高档美容、修饰类化妆品和成套化妆品、高档护肤类化妆品，不含舞台、戏剧、影视演员化妆用的上妆油、卸妆油、油彩。

4. 贵重首饰及珠宝玉石

本税目征收范围包括各种金银珠宝首饰和经采掘、打磨、加工的各种珠宝玉石。

5. 鞭炮、焰火

本税目征收范围包括各种鞭炮、焰火。体育上用的发令纸、鞭炮药引线，不按本税目征收。

6. 成品油

本税目包括汽油、柴油、石脑油、溶剂油、润滑油、航空煤油和燃料油。目前航空煤油暂缓征收消费税。

7. 摩托车

本税目征收范围包括轻便摩托车和摩托车。发动机气缸容量为250（不含）毫升以下的小排量摩托车不征收消费税。

8. 小汽车

本税目包括乘用车、中轻型商用客车和超豪华小汽车。含9座内乘用车、10~23座中

型商用客车（按额定载客区间值下限确定）。

电动汽车以及沙滩车、雪地车、卡丁车、高尔夫车等均不属于本税目征税范围，不征消费税。企业用购进货车或厢式货车改装生产的商务车、卫星通信车等专用汽车不属于消费税的征税范围。

9. 高尔夫球及球具

本税目征收范围包括高尔夫球、高尔夫球杆、高尔夫球包（袋），以及高尔夫球杆的杆头、杆身和握把。

10. 高档手表

本税目征收范围包括不含增值税售价每只在 10 000 元（含）以上的手表。

11. 游艇

本税目征收范围包括艇身长度大于 8 米（含）小于 90 米（含），内置发动机，可以在水上移动，一般为私人或团体购置，主要用于水上运动和休闲娱乐等非牟利活动的各类机动艇。

12. 木制一次性筷子

本税目征税范围包括各种规格的木制一次性筷子。木制一次性筷子是指以木材为原料，经过锯段、浸泡、旋切、刨切、烘干、筛选、打磨、倒角、包装等环节加工而成的各类一次性使用的筷子。

13. 实木地板

本税目征收范围包含各类规格的实木地板、实木指接地板、实木复合地板及用于装饰墙壁、天棚的侧端面为榫、槽的实木装饰板。未经涂饰的素板也属于本税目征收范围。

14. 电池

本税目征收范围包括原电池、蓄电池、燃料电池、太阳能电池和其他电池。对无汞原电池、金属氢化物镍蓄电池、锂原电池、锂离子蓄电池、太阳能电池、燃料电池和全钒液流电池免征消费税。

15. 涂料

涂料是指涂于物体表面，能形成具有保护、装饰或特殊性能的固态涂膜的一类液体或固体材料的总称。为促进节能环保，从 2015 年 2 月 1 日起对电池、涂料征收消费税。

三、消费税的纳税环节

消费税属于价内税，只征收一次，在应税消费品的生产、委托加工或进口环节缴纳。

1. 生产销售应税消费品

（1）纳税人生产的应税消费品，于纳税人销售时纳税。

（2）纳税人自产自用的应税消费品，用于连续生产应税消费品的，不纳税；用于其他方面的，于移送使用时纳税。

2. 委托加工应税消费品

委托加工的应税消费品，除受托方为个人外，由受托方在向委托方交货时代收代缴税款。委托个人加工的应税消费品，由委托方收回后缴纳消费税。

知识链接

委托加工应税消费品是指委托方提供原料和主要材料，受托方只收取加工费和代垫部分辅助材料加工的应税消费品。

如果出现下列情形，无论纳税人在财务上如何处理，都不得作为委托加工应税消费品，受托方应按销售自制应税消费品缴纳消费税：

①受托方提供原材料生产的应税消费品；

②受托方先将原材料卖给委托方，再接受加工的应税消费品；

③受托方以委托方名义购进原材料生产的应税消费品。

委托加工的应税消费品，受托方在交货时已代收代缴了消费税，再出售的，不再征收消费税。

3. 进口应税消费品

对进口应税消费品，于报关进口时缴纳消费税，进口环节消费税由海关代征。

4. 特殊规定

（1）零售环节纳税

对金银首饰、钻石及钻石饰品，在零售环节征税，纳税人为在我国境内从事金银首饰、钻石及钻石饰品零售业务的单位或个人。对超豪华小汽车，在生产（进口）环节按现行税率征收消费税的基础上，在零售环节加征10%的消费税。

（2）批发环节纳税

自2015年5月10日起，在卷烟批发环节加征的消费税税率由5%提高到11%，并按照0.005元/支加征从量税。

四、消费税的纳税义务人

消费税的纳税义务人是指在中华人民共和国境内生产、委托加工和进口应税消费品的单位和个人，以及国务院确定的销售应税消费品的其他单位和个人。具体包括以下几个方面：

（1）生产应税消费品的单位和个人；

（2）进口应税消费品的单位和个人；

（3）委托加工应税消费品的单位和个人；

（4）零售金银首饰、钻石、钻石饰品、铂金首饰的单位和个人；

（5）从事卷烟批发业务的单位和个人。

五、消费税的税率

1. 税率形式

消费税的税率有比例税率、定额税率和从价定率与从量定额相结合的复合计税三种形式。消费税税目和税率见表 3-1。

表 3-1　消费税税目和税率

税　目	税　率
一、烟	
1. 卷烟	
（1）甲类卷烟（生产环节）	56%加 0.003 元/支
（2）乙类卷烟（生产环节）	36%加 0.003 元/支
（3）甲类卷烟和乙类卷烟（批发环节）	11%加 0.005 元/支
2. 雪茄烟（生产环节）	36%
3. 烟丝（生产环节）	30%
二、酒	
1. 白酒（含粮食白酒和薯类白酒）	20%加 0.5 元/500 克（或者 500 毫升）
2. 黄酒	240 元/吨
3. 啤酒	
（1）甲类啤酒	250 元/吨
（2）乙类啤酒	220 元/吨
4. 其他酒	10%
三、高档化妆品	15%
四、贵重首饰及珠宝玉石	
1. 金银首饰、铂金首饰和钻石及钻石饰品（零售环节）	5%
2. 其他贵重首饰和珠宝玉石	10%
五、鞭炮、焰火	15%
六、成品油	
1. 汽油	1.52 元/升
2. 柴油	1.20 元/升
3. 石脑油	1.52 元/升
4. 溶剂油	1.52 元/升
5. 润滑油	1.52 元/升
6. 燃料油	1.20 元/升
7. 航空煤油（暂缓征收）	1.20 元/升

续表

税目	税率
七、摩托车 1. 气缸容量为 250 毫升的 2. 气缸容量在 250 毫升以上的	 3% 10%
八、小汽车 1. 乘用车（生产、进口环节） (1) 气缸容量在 1.0 升（含 1.0 升）以下的 (2) 气缸容量在 1.0 升以上至 1.5 升（含 1.5 升）的 (3) 气缸容量在 1.5 升以上至 2.0 升（含 2.0 升）的 (4) 气缸容量在 2.0 升以上至 2.5 升（含 2.5 升）的 (5) 气缸容量在 2.5 升以上至 3.0 升（含 3.0 升）的 (6) 气缸容量在 3.0 升以上至 4.0 升（含 4.0 升）的 (7) 气缸容量在 4.0 升以上的 2. 中轻型商用客车（生产、进口环节） 3. 超豪华小汽车（零售环节）	 1% 3% 5% 9% 12% 25% 40% 5% 10%（生产环节同乘用车和中轻型商用客车）
九、高尔夫球及球具	10%
十、高档手表	20%
十一、游艇	10%
十二、木制一次性筷子	5%
十三、实木地板	5%
十四、电池	4%
十五、涂料	4%

2. “从高”适用税率的情形

（1）纳税人将不同税率的应税消费品组成成套消费品销售的，从高适用税率计征消费税；

（2）纳税人生产销售两种税率以上的应税消费品，应当分别核算不同税率应税消费品的销售额、销售数量；未分别核算的，从高适用税率计征消费税。

【任务实施】

解析：酒类产品属于消费税的征税对象，酒类产品的纳税环节为生产销售环节，所以 A 酒厂除缴纳增值税外还应该缴纳消费税。

任务二　消费税的计算

【任务导入】

某企业为增值税一般纳税人，2020 年 7 月从国外进口一批烟丝，已知烟丝的关税完税价格为 200 万元，关税税率为 40%，消费税税率为 30%，增值税税率为 13%。

请问：该企业从国外进口烟丝需要承担哪些纳税义务？该企业进口烟丝应缴纳的消费税如何计算？

【相关知识】

一、消费税应纳税额计算的一般规定

1. 从价定率计征

适用比例税率的应税消费品，其应纳税额应按从价定率计征，此时的计税依据是销售额，消费税计税销售额与增值税的计税销售额一致。其计算公式为：

应纳税额 = 销售额×比例税率

销售额为纳税人销售应税消费品向购买方收取的全部价款和价外费用，不包括应向购货方收取的增值税税款。如果含增值税，其换算公式为：

应税销售额 = 含增值税的销售额÷(1+增值税税率或征收率)

价外费用，是指价外向购买方收取的手续费、补贴、基金、集资费、返还利润、奖励费、违约金、滞纳金、延期付款利息、赔偿金、代收款项、代垫款项、包装费、包装物租金、储备费、运输装卸费以及其他各种性质的价外收费。

下列项目不包括在价外费用内：

（1）同时符合以下条件的代垫运输费用：

1）承运部门的运输费用发票开具给购买方的；

2）纳税人将该项发票转交给购买方的。

（2）同时符合以下条件代为收取的政府性基金或者行政事业性收费：

1）由国务院或者财政部批准设立的政府性基金，由国务院或者省级人民政府及其财政、价格主管部门批准设立的行政事业性收费；

2）收取时开具省级以上财政部门印制的财政票据；

3）所收款项全额上缴财政。

知识链接

应税消费品连同包装物销售，无论包装物是否单独计价以及在会计上如何核算，均应并入应税消费品的销售额中缴纳消费税。

如果包装物不作价随同产品销售，而是收取押金，此项押金则不应并入应税消费品的销售额中征税。但对因逾期未收回的包装物不再退还的或者已收取的时间超过12个月的押金，应视为含税收入并入应税消费品的销售额，按照应税消费品的适用税率缴纳消费税。

既作价随同应税消费品销售，又另外收取押金的包装物的押金，凡纳税人在规定的期限内没有退还的，均应并入应税消费品的销售额，按照应税消费品的适用税率缴纳消费税。

【例3-1】某化妆品生产企业为增值税一般纳税人，2020年10月15日向某商场销售一批高档化妆品，开具增值税专用发票，取得不含增值税销售额20万元，增值税额2.6万元；10月20日向某单位销售一批高档化妆品，开具普通发票，取得含增值税销售额3.39万元。试计算该化妆品生产企业10月应缴纳的消费税。

【解析】计税销售额为纳税人销售应税消费品向购买方收取的全部价款和价外费用，不包括应向购货方收取的增值税税款，如果含增值税，应将其转化为不含税收入。高档化妆品适用消费税税率15%。

高档化妆品的应税销售额 = 20+3.39÷(1+13%) = 23（万元）

应纳消费税税额 = 23×15% = 3.45（万元）

2. 从量定额计征

适用定额税率的消费品，其应纳税额应按从量定额计征，此时的计税依据是销售数量。其计算公式为：

应纳税额 = 销售数量×定额税率

销售数量，是指应税消费品的数量。具体为：

（1）销售应税消费品的，为应税消费品的销售数量；

（2）自产自用应税消费品的，为应税消费品的移送使用数量；

（3）委托加工应税消费品的，为纳税人收回的应税消费品数量；

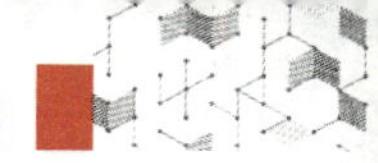

（4）进口应税消费品的，为海关核定的应税消费品进口征税数量。

知识链接

单位税额分别按吨或升核定，如纳税人应税消费品数量的计量单位与税率表不同，需按以下标准换算：

啤酒：1 吨=988 升　　黄酒：1 吨=962 升

汽油：1 吨=1 388 升　　柴油：1 吨=1 176 升

石脑油：1 吨=1 385 升　　溶剂油：1 吨=1 282 升

润滑油：1 吨=1 126 升　　燃料油：1 吨=1 015 升

航空煤油：1 吨=1 246 升

【例 3-2】某啤酒厂 2020 年 7 月销售啤酒 500 吨，每吨出厂价 2 800 元，试计算其 7 月应纳消费税税额。

【解析】啤酒属于从量定额计税的应税消费品，每吨售价在 3 000 元以下的为乙类啤酒，适用单位税额 220 元/吨。

应纳税额=销售数量×单位税额=500×220=110 000（元）

3. 复合计征

既规定了比例税率，又规定了定额税率的卷烟、白酒，其应纳税额实行从价定率和从量定额相结合的复合计征办法。计算公式为：

应纳税额=销售额×比例税率+销售数量×定额税率

【例 3-3】某酒厂为增值税一般纳税人，2020 年 10 月销售粮食白酒 4 吨，取得不含税收入 400 000 元，包装物押金 22 600 元（单独记账核算）。该酒厂上述业务应纳消费税税额是多少？（白酒消费税税率 20%加 0.5 元/500 克）

【解析】销售额为纳税人销售应税消费品向购买方收取的全部价款和价外费用。啤酒、黄酒以外的酒类包装物押金应于收取时并入销售额征税，因价外费用为含税收入，应先将其转化为不含税收入。

应税销售额=400 000+22 600÷(1+13%)=420 000（元）

应纳消费税额=420 000×20%+4×2 000×0.5=88 000（元）

知识链接

消费税与增值税同是对货物征收，但两者之间与价格的关系是不同的。增值税是价外税，计算增值税的价格中不应包括增值税金额；消费税是价内税，计算消费税的价格中是包括消费税金额的。通常情况下，从价定率和复合计税中从价部分用于计算消费税的销售额，与计算增值税销项税额的销售额是一致的，但有如下两点微妙差异：

①酒类产品包装物押金。由于啤酒和黄酒在计征消费税时采用的是定额税率，押金是否计入销售额不会影响到啤酒、黄酒税额的计算，但押金计入销售额会影响啤酒适用税率档次的选择。

②纳税人用于换取生产资料和消费资料、投资入股和抵偿债务等方面的应税消费品，应当以纳税人同类消费品的最高销售价格作为计税依据计算消费税。而增值税没有最高销售价格的规定，只有平均销售价格的规定。

二、消费税应纳税额计算的特殊规定

1. 自产自用或视同销售应税消费品的计税

（1）纳税人自产的应税消费品，用于连续生产应税消费品的，不纳税。

（2）纳税人自产的应税消费品用于换取生产资料和消费资料、投资入股和抵偿债务等方面，应当按纳税人同类应税消费品的最高销售价格作为计税依据。

（3）纳税人自产的应税消费品用于生产非应税消费品；或用于在建工程；用于管理部门、非生产机构；提供劳务；用于馈赠、赞助、集资、广告、样品、职工福利、奖励等方面的，视同销售，于移送使用时纳税。其销售额按以下顺序确定：

1）按照纳税人当月销售的同类消费品的加权平均销售价格计算；

2）如果当月无同类应税消费品销售的，按照纳税人上月或近期销售的同类消费品的加权平均销售价格计算；

3）没有同类消费品销售价格的，按照组成计税价格计算。

①实行从价定率办法计算纳税的组成计税价格计算公式：

组成计税价格=(成本+利润)÷(1-比例税率)

=[成本×(1+成本利润率)]÷(1−比例税率)

应纳税额=组成计税价格×比例税率

②实行复合计税办法计算纳税的组成计税价格计算公式：

组成计税价格=(成本+利润+自产自用数量×定额税率)÷(1−比例税率)

=[成本×(1+成本利润率)+自产自用数量×定额税率]÷(1−比例税率)

应纳税额=组成计税价格×比例税率+自产自用数量×定额税率

公式中的成本，是指应税消费品的生产成本。

公式中的利润，是指根据应税消费品的全国平均成本利润率计算的利润，应税消费品的全国平均成本利润率由国家税务总局确定。

【例 3-4】某化妆品公司为增值税一般纳税人，2020 年 12 月公司将一批自制高档化妆品作为福利发放给职工，该高档化妆品无同类产品市场销售价格，该批化妆品的成本为 30 000 元，成本利润率为 5%，消费税税率为 15%。试计算该公司应缴纳的消费税税额。

【解析】将自产化妆品用于发放职工福利，应视同销售，缴纳消费税；因无同类产品市场销售价格，应按组成计税价格计税。

组成计税价格=(30 000+30 000×5%)÷(1−15%)≈37 058. 82 （元）

应纳消费税税额=37 058. 82×15%≈5 558. 82 （元）

2. 委托加工应税消费品的计税

委托加工应税消费品是指委托方提供原料和主要材料，受托方只收取加工费和代垫部分辅助材料加工的应税消费品。由受托方提供原材料或其他情形的一律不能视同委托加工应税消费品。

委托加工的应税消费品，由受托方在向委托方交货时代收代缴消费税（受托方为个人、个体工商户的除外）；委托加工的应税消费品收回后直接用于销售的，在销售时不再缴纳消费税；收回后用于连续生产应税消费品的，其由受托方代扣代缴的消费税按规定准予抵扣。纳税人委托个体经营者、其他个人加工应税消费品，一律于委托方收回后在委托方所在地缴纳消费税。

委托加工的应税消费品，按照受托方同类消费品的销售价格计算纳税；受托方没有同类消费品销售价格的，按照组成计税价格计算纳税。

（1）实行从价定率办法计算纳税的组成计税价格计算公式：

组成计税价格=(材料成本+加工费)÷(1−比例税率)

应纳税额=组成计税价格×比例税率

（2）实行复合计税办法计算纳税的组成计税价格计算公式：

组成计税价格=（材料成本+加工费+委托加工数量×定额税率）÷（1-比例税率）

应纳税额=组成计税价格×比例税率+委托加工数量×定额税率

其中材料成本是指委托方所提供加工材料的实际成本。如果加工合同上未如实注明材料成本的，受托方所在地主管税务机关有权核定其材料成本。加工费是指受托方加工应税消费品向委托方所收取的全部费用（包括代垫辅助材料的实际成本），但不包括随加工费收取的增值税销项税额。

【例 3-5】某市甲烟草集团公司委托乙公司加工一批烟丝，甲公司提供原材料，成本为 40 万元，支付加工费 16 万元，乙公司无同类产品销售价格。烟丝的消费税税率为 30%。要求：①计算甲公司委托乙公司加工烟丝的组成计税价格；②计算乙公司应代收代缴的消费税。

【解析】实行从价定率办法计算纳税的组成计税价格计算公式如下：

组成计税价格=（材料成本+加工费）÷（1-比例税率）=（40+16）÷（1-30%）=80（万元）

乙公司代收代缴的消费税=80×30%=24（万元）

3. 进口应税消费品的计税

（1）适用比例税率的进口应税消费品，实行从价定率办法，按组成计税价格计算应纳税额。计算公式为：

组成计税价格=（关税完税价格+关税）÷（1-消费税比例税率）

应纳税额=组成计税价格×比例税率

公式中的关税完税价格是指海关核定的关税计税价格。

（2）实行定额税率的进口应税消费品，实行从量定额办法计算应纳税额。计算公式为：

应纳税额=应税消费品数量×消费税定额税率

（3）实行复合计税方法的进口应税消费品的税额计算公式为：

组成计税价格=（关税完税价格+关税+进口数量×消费税定额税率）÷（1-消费税比例税率）

应纳税额=组成计税价格×消费税比例税率+应税消费品数量×消费税定额税率

【例 3-6】2020 年 9 月某公司进口 10 箱卷烟（5 万支/箱），经海关审定，关税完

税价格为 22 万元/箱，关税税率 50%，消费税税率 56%，定额税率 150 元/箱。计算 2020 年 9 月该公司进口环节应缴纳的消费税。

【解析】进口卷烟实行复合计税方法。

组成计税价格=(关税完税价格+关税+进口数量×消费税定额税率)÷(1-消费税比例税率)=[10×22×(1+50%)+10×150÷10 000]÷(1-56%)≈750. 34（万元）

进口环节应纳消费税=组成计税价格×消费税比例税率+应税消费品数量×消费税定额税率=750. 34×56%+10×150÷10 000≈420. 34（万元）

4. 外购、委托加工收回或进口的应税消费品用于连续生产应税消费品的计税

（1）外购或委托加工收回下列应税消费品，用于连续生产应税消费税品的，对外购应税消费品已缴纳的消费税税款或者委托加工的应税消费品（原料），由受托方代收代缴的消费税税款，准予从应纳消费税税额中抵扣：

1）外购或委托加工收回的已税烟丝生产的卷烟；

2）外购或委托加工收回的已税化妆品为原料生产的化妆品；

3）外购或委托加工收回的已税珠宝玉石为原料生产的贵重首饰及珠宝玉石；

4）外购或委托加工收回的已税鞭炮、焰火为原料生产的鞭炮、焰火；

5）外购或委托加工收回的已税杆头、杆身和握把为原料生产的高尔夫球杆；

6）外购或委托加工收回的已税木制一次性筷子为原料生产的木制一次性筷子；

7）外购或委托加工收回的已税实木地板为原料生产的实木地板；

8）外购或委托加工收回的已税石脑油、润滑油、燃料油为原料生产的成品油；

9）外购或委托加工收回的已税汽油、柴油为原料生产的汽油、柴油。

当期准予扣除外购或委托加工收回的应税消费品已纳消费税税款，应按当期生产领用数量计算。

（2）外购、委托加工和进口的应税消费品，用于连续生产应税消费品的，准予从消费税应纳税额中扣除原料已纳消费税税款，按照不同行为计算公式分别如下：

1）外购

实行从价定率方法计税：

当期准予扣除外购应税消费品已纳税款=当期准予扣除外购应税消费品买价×外购应税消费品适用税率

当期准予扣除外购应税消费品买价=期初库存外购应税消费品买价+当期购进的应税消费品买价-期末库存的外购应税消费品买价

实行从量定额方法计税：

当期准予扣除外购应税消费品已纳税款＝当期准予扣除外购应税消费品数量×外购应税消费品定额税率

当期准予扣除外购应税消费品数量＝期初库存外购应税消费品数量＋当期购进的应税消费品数量－期末库存的外购应税消费品数量

2）委托加工

当期准予扣除的委托加工应税消费品已纳税款＝期初库存的委托加工应税消费品已纳税款＋当期收回的委托加工应税消费品已纳税款－期末库存的委托加工应税消费品已纳税款

3）进口

当期准予扣除的进口应税消费品已纳税款＝期初库存的进口应税消费品已纳税款＋当期进口应税消费品已纳税款－期末库存的进口应税消费品已纳税款

【例 3-7】某化妆品厂用外购已税高档化妆品生产高档化妆品，当月销售额为 180 万元（不含增值税税款，下同），当月月初库存外购高档化妆品账面余额 70 万元，当月购进高档化妆品 30 万元，月末库存外购高档化妆品账面余额 50 万元。计算该厂当月高档化妆品应纳消费税税额。

【解析】当月销售高档化妆品应纳税额＝180×15%＝27（万元）

当月准予扣除外购高档化妆品已纳税额＝(70+30−50)×15%＝7.5（万元）

该厂当月实际应纳消费税＝27−7.5＝19.5（万元）

知识链接

1. 从范围上看，允许抵扣税额的税目从大类上看不包括酒类、小汽车、高档手表、游艇。

2. 从规则上看，允许扣税的只涉及同一大税目中的购入应税消费品的连续加工，不能跨税目抵扣（石脑油、燃料油例外）。

3. 从依据上看，按生产领用量抵扣，不同于增值税的购进扣税。

4. 从方法上看，需自行计算抵扣。计算方法用的是类似会计“实地盘存制”的倒轧方法。

【任务实施】

解析：

1. 该企业从国外进口烟丝需缴纳关税、进口增值税及消费税。

2. 应纳关税税额＝200×40%＝80（万元）

进口烟丝组成计税价格＝(关税完税价格＋关税)÷(1－消费税税率)＝(200＋80)÷(1－30%)＝400（万元）

应纳消费税税额＝组成计税价格×消费税税率＝400×30%＝120（万元）

任务三　消费税的征收管理与纳税申报

【任务导入】

B公司为化妆品生产销售企业，在北京注册经营。2020年4月6日该公司在北京采用赊销方式销售20万元的化妆品，约定4月15日付款；4月23日该公司在上海采用预收货款方式销售10万元的化妆品，双方约定发货时间为4月26日。另外，该公司按月缴纳消费税。

请问：作为化妆品生产企业，B公司需要承担消费税的纳税义务，其应在哪里进行纳税申报？应在什么期限完成纳税申报？

【相关知识】

一、消费税的征收管理

1. 纳税义务发生时间

（1）纳税人销售应税消费品的，按不同的销售结算方式确定纳税义务发生的时间，分别为：

1）纳税人采取赊销和分期收款结算方式的，其纳税义务的发生时间为销售合同约定的收款日期的当天。

2）纳税人采取预收货款结算方式的，其纳税义务的发生时间为发出应税消费品的当天。

3）纳税人采取托收承付结算方式销售的，其纳税义务的发生时间为发出应税消费品并办妥托收手续的当天。

4）纳税人采取其他结算方式的，其纳税义务的发生时间为收讫销售款或者取得索取

销售款凭据的当天。

（2）纳税人自产自用应税消费品的，其纳税义务的发生时间为移送使用的当天。

（3）纳税人委托加工应税消费品的，其纳税义务的发生时间为纳税人提货的当天。

（4）纳税人进口应税消费品的，其纳税义务的发生时间为报关进口的当天。

2. 纳税地点

（1）纳税人销售的应税消费品，以及自产自用的应税消费品，除国务院财政、税务主管部门另有规定外，应当向纳税人机构所在地或者居住地的主管税务机关申报纳税。

纳税人的总机构与分支机构不在同一县（市）的，应当分别向各自机构所在地的主管税务机关申报纳税；经财政部、国家税务总局或者其授权的财政、税务机关批准，可以由总机构汇总向总机构所在地的主管税务机关申报纳税。

（2）委托加工的应税消费品，除受托方为个人外，由受托方向其机构所在地或者居住地的主管税务机关缴纳消费税税款。

（3）委托个人加工的应税消费品，由委托方向其机构所在地或者居住地的主管税务机关申报纳税。

（4）进口的应税消费品，由进口人或者其代理人向报关地海关申报纳税。

（5）纳税人到外县（市）销售或者委托外县（市）代销自产应税消费品的，于应税消费品销售后，向机构所在地或者居住地税务机关申报纳税。

（6）纳税人销售的应税消费品，如因质量等原因由购买者退回时，经机构所在地或者居住地税务机关审核批准后，可退还已缴纳的消费税税款。

3. 纳税期限

消费税的纳税期限分别为 1 日、3 日、5 日、10 日、15 日、1 个月或者 1 个季度。纳税人的具体纳税期限，由主管税务机关根据纳税人应纳税额的大小分别核定；不能按照固定期限纳税的，可以按次纳税。

纳税人以 1 个月或者 1 个季度为 1 个纳税期的，自期满之日起 15 日内申报纳税；以 1 日、3 日、5 日、10 日或者 15 日为 1 个纳税期的，自期满之日起 5 日内预缴税款，于次月 1 日起 15 日内申报纳税并结清上月应纳税款。

纳税人进口应税消费品，应当自海关填发海关进口消费税专用缴款书之日起 15 日内缴纳税款。

二、消费税的纳税申报

纳税人无论当期有无销售或是否盈利，均应在次月 1 日至 15 日内根据应税消费品分别填写烟类应税消费品消费税纳税申报表、酒类应税消费品消费税纳税申报表、成品油消费税纳税申报表、小汽车消费税纳税申报表、电池消费税纳税申报表、涂料消费税纳

税申报表、其他应税消费品消费税纳税申报表，并向主管税务机关进行纳税申报。除了纳税申报表以外，每类申报表都有附表：本期准予扣除计算表、本期代收代缴税额计算表、生产经营情况表、准予扣除消费税凭证明细表等，在申报时应一并进行填写。

【任务实施】

解析：

1. 纳税人销售的应税消费品，以及自产自用的应税消费品，除国务院财政、税务主管部门另有规定外，应当向纳税人机构所在地或者居住地的主管税务机关申报纳税。B 公司在北京注册，所以 B 公司的申报纳税地点为北京。

2. 纳税人采取赊销和分期收款结算方式的，其纳税义务的发生时间为销售合同规定的收款日期的当天；纳税人采取预收货款结算方式的，其纳税义务的发生时间为发出应税消费品的当天。所以 B 公司在北京的销售行为的纳税义务发生时间为 4 月 15 日，在上海的销售行为的纳税义务发生时间为 4 月 26 日。

纳税人以 1 个月或者 1 个季度为 1 个纳税期的，自期满之日起 15 日内申报纳税。所以 B 公司的纳税期限为 2020 年 5 月 1 日至 5 月 15 日。

案例分析

某酒厂纳税人识别号为 913701025721943N1P，2020 年 6 月发生如下经济业务：

（1）6 月 6 日，将自制的粮食白酒 2 吨用于发放福利，该酒的成本为 4 000 元/吨，成本利润率为 5%，无同类产品售价。

（2）6 月 10 日，销售自制薯类白酒 10 吨，售价 8 000 元/吨，取得价款 80 000 元。

（3）6 月 16 日，销售自制啤酒 20 吨，另将 2 吨啤酒用于让客户免费品尝。该酒出厂价为 2 600 元/吨，成本为 2 000 元/吨。

请问：

1. 自制白酒用于发放福利需要缴纳消费税吗？

2. 该酒厂本月需要缴纳的消费税是多少？

3. 该酒厂应在什么时间进行纳税申报？如何填制消费税纳税申报表？

【解析】

1. 该酒厂自制白酒用于发放福利，属于纳税人自产自用应税消费品，按视同销售处理，需要缴纳消费税。

2. 自产自用白酒无同类产品售价，所以采用组成计税价格计税：

组成计税价格＝[2×4 000×(1+5%)+2×2 000×0.5]÷(1−20%)＝13 000（元）

自制白酒应纳税额＝13 000×20%+2×2 000×0.5＝4 600（元）

销售薯类白酒应纳税额＝80 000×20%+10×2 000×0.5＝26 000（元）

销售啤酒出厂价 2 600 元/吨，属于乙类啤酒，适用 220 元/吨的定额税率；免费让客户品尝 2 吨视同销售处理，应纳税额＝22×220＝4 840（元）

本月应纳消费税税额＝4 600+26 000+4 840＝35 440（元）

3. 纳税人无论当期有无销售或是否盈利，均应在次月 1 日至 15 日内进行纳税申报，所以该酒厂应在 7 月 1 日至 7 月 15 日之间完成纳税申报。酒类应税消费品消费税纳税申报表见表 3−2。

表 3−2　酒类应税消费品消费税纳税申报表

税款所属期：2020 年 6 月 1 日至 2020 年 6 月 30 日

纳税人名称（公章）：　纳税人识别号：91370102572194 3N1P

填表日期：2020 年 7 月 8 日

金额单位：元（列至角分）

应税消费品名称＼项目	适用税率		销售数量	销售额	应纳税额
	定额税率	比例税率			
粮食白酒	0.5 元/500 克	20%	4 000	13 000.00	4 600.00
薯类白酒	0.5 元/500 克	20%	20 000	80 000.00	26 000.00
啤酒（甲类）	250 元/吨	—			
啤酒（乙类）	220 元/吨	—	22		4 840.00
黄酒	240 元/吨	—			
其他酒	—	10%			
合计	—	—	—	—	35 440.00

本期准予抵减税额：0.00	声明 此纳税申报表是根据国家税收法律的规定填报的，我确定它是真实的、可靠的、完整的。 经办人（签章）： 财务负责人（签章）： 联系电话：
本期减（免）税额：0.00	
期初未缴税额：0.00	

续表

<table>
<tr><td>本期缴纳前期应纳税额：0.00</td><td rowspan="4">（如果你已委托代理人申报，请填写）
授权声明
为代理一切税务事宜，现授权＿＿＿＿＿＿（地址）为本纳税人的代理申报人，任何与本申报表有关的往来文件，都可寄予此人。
授权人签章：</td></tr>
<tr><td>本期预缴税额：0.00</td></tr>
<tr><td>本期应补（退）税额：35 440.00</td></tr>
<tr><td>期末未缴税额：35 440.00</td></tr>
</table>

以下由税务机关填写

受理人（签章）：　　　　受理日期：　　年　月　日　　　　受理税务机关（章）：

思考与练习

1. 简述消费税的特点。
2. 简述消费税的税目和税率。
3. 简述如何确定消费税的纳税人。
4. 简述消费税应纳税额计算的情境及相应的计算方法。
5. 简述消费税纳税义务发生时间的认定方法。

项目四
关税的计算与申报

学习目标

知识目标

1. 熟悉关税的概念、种类和作用。
2. 掌握关税的征税对象、纳税义务人和税率。
3. 熟悉关税申报缴纳的流程。

能力目标

1. 能正确判断关税的纳税义务人。
2. 能依据企业业务资料正确计算关税税额。

思维导图

- 项目四 关系的计算与申报
  - 任务一 认识关税
    - 关税的概念、种类与作用
    - 关税的征税对象
    - 关税的纳税义务人
    - 关税的税率：进口货物税率、出口货物税率
    - 关税税收优惠政策：法定减免税、特定减免税、临时减免税、个人邮寄物品的减免税
  - 任务二 关税的计算
    - 关税计税依据的确定：一般进口货物完税价格的确定、特殊进口货物完税价格的确定、进口货物相关费用的确定、出口货物完税价格的确定
    - 关税应纳税额的计算：关税从价税应纳税额的计算、关税从量税应纳税额的计算、关税复合税应纳税额的计算、关税滑准税应纳税额的计算
  - 任务三 关税的征收管理与纳税申报
    - 关税的报关：报关时间、报关应提交的相关材料
    - 关税的缴纳：纳税期限、纳税地点
    - 关税的征管措施：关税的强制执行、关税的退还、关税的补征和追征、关税纳税争议的申诉

任务一　认识关税

【任务导入】

国务院关税税则委员会决定，对原产于日本、美国的进口光纤预制棒征收反倾销税。商务部为此发布了2018年第57号公告和2020年第39号公告，明确了实施反倾销措施产品的具体商品范围和相应的反倾销税率，2020年9月26日起实施。

请思考：在此事件中关税所起的作用是什么？

【相关知识】

一、关税的概念、种类与作用

1. 关税的概念

关税是海关依法对进出关境的货物或者物品征收的一种流转税，包括进口关税和出口关税。一般而言，国境和关境是一致的，包括国家全部的领土、领海、领空。但当某一国家在国境内设立了自由港、自由贸易区或出口加工区时，这些区域就进出口关税而言处于关境之外，这时，该国的关境小于国境。当几个国家组成关税同盟时，成员国之间相互取消关税，对外实行共同的关税税则，那么对成员国而言，关境大于国境。

2. 关税的种类

（1）按征收方法划分关税的种类（见表4-1）

表4-1　关税的分类（按征收方法划分）

名称	具体要求
从价税	依照进出口货物的价格作为标准征收关税。经海关审定作为计征关税依据的价格为完税价格，完税价格乘以税则中规定的税率即可得出应纳税额
从量税	依照进出口货物数量的计量单位（如“吨”“箱”“百个”等）征收定量关税
复合税	对同一种进出口货物同时采用从价和从量两种标准计征税款
选择税	对同一种货物在税则中规定有从量、从价两种关税税率，在征税时海关既可以选择其中征税额较多的一种关税，也可以选择税额较少的一种为计税标准计征。当物价上涨时使用从价税，物价下跌时使用从量税
滑准税	关税税率随着进口商品价格由高到低而由低到高设置的税，这样可以起到稳定进口商品价格的作用

（2）按征税商品流向划分关税种类（见表4-2）

表4-2 关税的分类（按征税商品流向划分）

名称	具体要求
进口税	指进口国家的海关在外国商品输入时，对本国进口商所征收的关税。其起到保护本国市场和增加财政收入的作用
出口税	指对本国出口的货物在运出国境时征收的一种关税。征收出口关税会增加出口货物的成本，不利于本国货物在国际市场上的竞争

（3）按征税性质划分关税种类（见表4-3）

表4-3 关税的分类（按征税性质划分）

名称	具体要求
普通关税	指对与本国没有签署友好协定、经济互助协定的国家和地区按非优惠税率征收的关税
优惠关税	指对来自特定受惠国的进口货物征收的低于普通税率的优惠税率关税。使用优惠关税的目的是增进与受惠国之间的友好贸易往来，包括最惠国税率、协定税率、特惠税率
差别关税	广义的差别关税，就是实行复式税则的关税；狭义的差别关税，是对一部分进口商品，视其国家、价格或进口方式的不同，课以不同税率的关税。如多重关税、反倾销关税、反贴补关税、报复关税、平衡关税等

（4）按征收目的划分关税种类（见表4-4）

表4-4 关税的分类（按征收目的划分）

名称	具体要求
财政关税	以增加国家财政收入为主，通常向外国生产、国内消费需求大的产品征收，税率适中。目前多为发展中国家采用，对工业发达国家已经不再重要
保护关税	指保护本国经济发展为主要目的而课征的关税。保护关税主要是进口税，税率较高，以达到保护本国经济发展的目的

3. 关税的作用

（1）增加国家财政收入

关税是我国主要税种之一，征收关税能够增加国家财政收入。关税在我国财政收入占比中占据比较重要的地位。

（2）维护国家主权和利益

当国家与国家在经济利益上发生冲突时，关税是贸易谈判中捍卫本国利益的重要武器。合理并适度运用关税杠杆，可迫使谈判对方同等程度降低和减免关税，提供相同或相似的贸易条件和贸易保证，拒绝或限制对方对本国的商品倾销。同时，关税也是实行贸易歧视或反歧视的手段，迫使贸易伙伴考虑本国的既得利益。

（3）调控经济有效运行

国家通过对进出口货物征收或免征关税，调整关税税率等，可以提高或降低进出口货物的成本，进而影响相关企业产品在国际市场的价格、销售数量、利润等，从而起到保护国内薄弱民族工业、增强本国产品在国际市场上的竞争能力、促进本国经济发展的目的。

二、关税的征税对象

关税的征税对象是进出我国关境的货物和物品。货物是指贸易性商品；物品包括入境旅客随身携带的行李和物品，个人邮递物品，各种运输工具上的服务人员携带进口的自用物品、馈赠物品，以及其他方式进境的个人物品。

三、关税的纳税义务人

关税的纳税义务人有两种，一种是贸易性进出口商品的纳税人；另一种是非贸易性进出口物品的纳税人。

贸易性进出口商品的纳税人包括进口货物的收货人以及出口货物的发货人。非贸易性进出口物品的纳税人包括该物品的所有人和推定所有人。一般情况下对于携带进境的物品，推定其携带人为所有人；对分离运输的行李，推定相应的进出境旅客为所有人；对以邮递方式进境的物品，推定其收件人为所有人；以邮递或其他运输方式出境的物品，推定其寄件人或托运人为所有人。

四、关税的税率

关税税率是整个关税制度的核心。

1. 进口货物税率

进口关税设置最惠国税率、协定税率、特惠税率、普通税率、配额税率等，进口货物在一定期限内也可以实行暂定税率。

（1）最惠国税率

最惠国税率适用原产于与我国共同适用最惠国待遇条款的世界贸易组织成员国或地区的进口货物；或原产于与我国签订有相互给予最惠国待遇条款的双边贸易协定的国家或地区的进口货物。

（2）协定税率

协定税率适用原产于我国参加的含有关税优惠条款的区域性贸易协定的有关缔约方的进口货物。

（3）特惠税率

特惠税率适用原产于与我国签订有特殊优惠关税协定的国家或地区的进口货物。

（4）普通税率

普通税率适用原产于上述国家或地区以外的国家或地区的进口货物。

（5）配额税率

配额内关税是对一部分实行关税配额的货物，按低于配额外税率的进口税率征收的关税。按照国家规定实行关税配额管理的进口货物，关税配额内的，适用关税配额税率；关税配额外的，其税率的适用按照前述规定执行。

（6）暂定税率

暂定税率是对某些税号中的部分货物在适用最惠国税率的前提下，通过法律程序暂时实施的进口税率，具有非全税目的特点，低于最惠国税率。

适用最惠国税率的进口货物有暂定税率的，应当适用暂定税率；适用协定税率、特惠税率的进口货物有暂定税率的，应当从低适用税率；适用普通税率的进口货物，不适用暂定税率。

2. 出口货物税率

我国出口关税为一栏税率。自 2019 年 1 月 1 日起继续对铬铁等 108 项出口商品征收出口关税或实行出口暂定税率。

知识链接

原产地的判断采用完全在一国生产标准或实质性改变标准，即完全在一个国家（地区）获得的货物，以该国（地区）为原产地；两个以上国家（地区）参与生产的货物，以最后完成实质性改变的国家（地区）为原产地。

实质性加工标准是适用于确定有两个或两个以上国家参与生产产品的原产国的标准，其基本含义是：经过几个国家加工、制造的进口货物，以最后一个对货物进行经济上可以视为实质性加工的国家作为有关货物的原产国。“实质性加工”是指产品加工后在进出口税则中四位数税号一级的税则归类已经有了改变，或者加工增值部分所占新品总值的比例已超过 30%。

五、关税税收优惠政策

1. 法定减免税

（1）下列进出口货物，免征关税：

1）关税税额在人民币 50 元以下的一票货物；

2）无商业价值的广告品和货样；

3）外国政府、国际组织无偿赠送的物资；

4）在海关放行前损失的货物；

5）进出境运输工具装载的途中必需的燃料、物料和饮食用品。

因品质或者规格原因，出口货物（进口货物）自出口之日（进口之日）起1年内原状复运出境（进境）的，不征收出口（进口）关税。

（2）下列进出口货物，可以暂不缴纳关税：

经海关批准暂时进境或者暂时出境的下列货物，在进境或者出境时纳税义务人向海关缴纳相当于应纳税款的保证金或者提供其他担保的，可以暂不缴纳关税，并应当自进境或者出境之日起6个月内复运出境或者复运进境；经纳税义务人申请，海关可以根据海关总署的规定延长复运出境或者复运进境的期限：

1）在展览会、交易会、会议及类似活动中展示或者使用的货物；

2）文化、体育交流活动中使用的表演、比赛用品；

3）进行新闻报道或者摄制电影、电视节目使用的仪器、设备及用品；

4）开展科研、教学、医疗活动使用的仪器、设备及用品；

5）在第1项至第4项所列活动中使用的交通工具及特种车辆；

6）货样；

7）供安装、调试、检测设备时使用的仪器、工具；

8）盛装货物的容器；

9）其他用于非商业目的的货物。

（3）有下列情形之一的，纳税义务人自缴纳税款之日起1年内，可以申请退还关税，并应当以书面形式向海关说明理由，提供原缴款凭证及相关资料：

1）已征进口关税的货物，因品质或者规格原因，原状退货复运出境的；

2）已征出口关税的货物，因品质或者规格原因，原状退货复运进境，并已重新缴纳因出口而退还的国内环节有关税收的；

3）已征出口关税的货物，因故未装运出口，申报退关的。

2. 特定减免税

除了法定关税减免外，我国对关境内特定区域、特定行业或者特定用途的进出口货物减免关税。目前实行关税方面的优惠政策有：鼓励科学研究、科技开发、教育及科普事业发展的政策等。

3. 临时减免税

临时减免税是法定和特定减免税以外的其他减免税，对某个单位、某类商品、某个项目或某批进出口货物的特殊情况，给予特别照顾，一案一批，专文下达的减免税。

4. 个人邮寄物品的减免税

自2010年9月1日起，个人邮寄物品，应征进口税额在人民币50元（含50元）以下的，海关予以免征。

【任务实施】

解析： 当我国与其他国家在经济利益上发生冲突时，需要进行贸易谈判，而关税是贸易谈判中捍卫本国利益的重要武器。合理并适度运用关税杠杆，可迫使谈判对方同等程度降低和减免关税，提供相同或相似的贸易条件和贸易保证，拒绝或限制对方对本国的商品倾销。同时，关税也是实行贸易歧视或反歧视的手段，迫使贸易伙伴考虑本国的既得利益。

任务二 关税的计算

【任务导入】

某公司进口化妆品一批，支付国外的买价 200 万元、国外经纪费 10 万元、运抵我国海关地前的运输费用 20 万元、装卸费用和保险费用 8 万元，支付海关地运往公司仓库的运输费用 6 万元、装卸费用和保险费用 2 万元。请问该公司应缴纳关税多少万元？

【相关知识】

一、关税计税依据的确定

关税的计税依据是关税完税价格。进出口货物的关税完税价格由海关以该货物的成交价格及运输等相关费用为基础审查确定，成交价格不能确定时，完税价格由海关依法估定。

进出口货物的成交价格，因不同的成交条件而有不同的价格形式，常用的价格条款有 CIF、FOB、CFR 三种。

知识链接

CIF、FOB、CFR 的含义

CIF，Cost Insurance and Freight 的缩写，即到岸价格，CIF＝成本+保险费+运费。卖方支付从装运港至目的港的运费并办理货运保险，支付保险费。在合同规定的装运期限内在装运港将货物交付至运往指定目的港的船上。

FOB，Free On Board 的缩写，即离岸价格。买方负责派船接运货物，卖方应在合同规定的装运港和规定的期限内将货物装上买方指定的船只，并及时通知买方。货物在装运港被装上指定船时，风险即由卖方转移至买方。

CFR，Cost and Freight 的缩写，即成本加运费。指在装运港船上交货，卖方需支付将货物运至指定目的地港所需的费用。

1. 一般进口货物完税价格的确定

（1）成交价格估价方法

进口货物的成交价格，是指卖方向我国境内销售该货物时买方为进口该货物向卖方实付、应付的，并且按照规定调整后的价款总额，包括直接支付的价款和间接支付的价款。调整项目如下：

1）以下费用或者价值未包括在进口货物的实付或者应付价格中，应当计入完税价格：

①由买方承担的除购货佣金以外的佣金和经纪费（购货佣金指买方为购买进口货物向自己的采购代理人支付的劳务费用；经纪费指买方为购买进口货物向代表买卖双方利益的经纪人支付的劳务费用）；

②与该货物视为一体的容器费用；

③包装材料和包装劳务费用；

④与进口货物的生产和向我国境内销售有关的，由买方以免费或者以低于成本的方式提供，并可以按适当比例分摊的货物或者服务的价值；

⑤买方需向卖方或者有关方直接或者间接支付的特许权使用费；

⑥卖方直接或间接从买方对该货物进口后转售、处置或使用所得中获得的收益。

2）以下在货物成交价格中单独列明的，不应计入完税价格：

①厂房、机械或者设备等货物进口后发生的建设、安装、装配、维修或者技术服务费用；

②进口货物运抵我国境内输入地点起卸后发生的运输及其相关费用、保险费；

③进口关税及其他国内税。

（2）海关估价方法

进口货物的成交价格不符合成交价格条件或成交价格不能确定时，海关了解有关情况后，与纳税义务人进行磋商，依次按照下列方法审查确定该货物的完税价格：

1）相同货物的成交价格估价方法。即海关以与该货物同时或者大约同时向我国境内销售的相同货物的成交价格为基础确定进口货物完税价格的估价方法。

2）类似货物的成交价格估价方法。即海关以与该货物同时或者大约同时向我国境内销售的类似货物的成交价格为基础确定进口货物完税价格的估价方法。

3）倒扣价格估价方法。即海关以进口货物的同时或大约同时、相同或者类似进口货物在境内的销售价格为基础，扣除境内发生的关税、进口环节海关代征税和其他国内税、

运费保险费等依法规定的费用后，审查确定进口货物完税价格的估价方法。

4）计算价格估价方法。按照下列各项总和计算完税价格：境内生产该货物或类似货物所使用的料件成本和加工费用，向境内销售同等级或者同种类货物通常的利润和一般费用，该货物运抵境内输入地点起卸前的运输及其相关费用、保险费。

5）合理估价方法。在使用上述任何种估价方法都无法确定估价时，海关可以客观量化的数据资料为基础审查确定进口货物的完税价格，海关估价应当公平合理，且尽可能反映贸易实际。

2. 特殊进口货物完税价格的确定

（1）运往境外修理的货物

运往境外修理的机械器具、运输工具或其他货物，出境时已向海关报明，并在海关规定期限内复运进境的，应当以海关审定的境外修理费和料件费确定完税价格。

（2）运往境外加工的货物

运往境外加工的货物，出境时已向海关报明，并在海关规定期限内复运进境的，应当以海关审定的境外加工费和料件费以及该货物复运进境的运输及其相关费用、保险费估定完税价格。

【例 4-1】某公司 2020 年将以前年度进口的设备运往境外修理，设备进口时成交价格 58 万元，发生境外运费和保险费共计 6 万元；在海关规定的期限内复运进境，进境时同类设备价格 65 万元；发生境外修理费 8 万元，料件费 9 万元，境外运输费和保险费共计 3 万元，进口关税税率 20%。运往境外修理的设备报关进口时应纳进口环节税多少万元？

【解析】运往境外修理的机械器具、运输工具或其他货物，出境时已向海关报明，并在海关规定期限内复运进境的，应当以海关审定的境外修理费和料件费确定完税价格。

应纳进口关税税额＝(8+9)×20%＝3.4（万元）

应纳增值税税额＝(8+9)×(1+20%)×13%＝2.652（万元）

运往境外修理的设备报关进口时应纳进口环节税额＝应纳进口关税税额+应纳增值税税额＝3.4+2.652＝6.052（万元）

（3）暂时进境货物

对于经海关批准的暂时进境货物，应当按照一般进口货物估价办法的规定估定完税价格。

（4）租赁方式进口的货物

租赁方式进口的货物，按照下列方法审查确定完税价格：

1）以租金方式对外支付的租赁货物，在租赁期间以海关审查确定的租金作为完税价格，利息应当予以计入。

2）留购的租赁货物以海关审查确定的留购价格作为完税价格。

3）纳税义务人申请一次性缴纳税款的，可以选择申请按照一般进口货物海关估价的方法确定完税价格，或者按照海关审查确定的租金总额作为完税价格。

（5）留购的进口货样等物品

国内单位留购的进口货样、展览品、广告陈列品，以海关审定的留货价格为完税价格。

3. 进口货物相关费用的确定

（1）进口货物的运费

进口货物的运输及其相关费用，应当按照由买方实际支付或应当支付的费用计算。如果进口货物的运输及其相关费用无法确定，海关应当按照该货物进口同期的正常运输成本审查确定。运输工具作为进口货物，利用自身动力进境的，海关在审查确定完税价格时，不再另行计入运输及其相关费用。

（2）进口货物的保险费

进口货物的保险费应当按照实际支付的费用计算。如果进口货物的保险费无法确定或者未实际发生，海关应当按照“货价加运费”两者总额的3‰计算保险费，计算公式如下：

$$保险费=(货价+运费)\times 3‰$$

邮运进口的货物，应当以邮费为标准计算运输及其相关费用、保险费。

（3）以境外边境口岸价格条件成交的铁路或者公路运输进口货物，海关应当按照境外边境口岸价格的1%计算运输及其相关费用、保险费。

4. 出口货物完税价格的确定

（1）成交价格为基础的完税价格

出口货物的完税价格由海关以该货物的成交价格为基础审查确定，并应当包括货物运至我国境内输出地点装载前的运输及其相关费用、保险费。

出口货物的成交价格是指该货物出口销售时，卖方为出口该货物应当向买方直接收取和间接收取的价款总额。

下列税收、费用不计入出口货物的完税价格：出口关税；在货物价款中单独列明的

货物运至我国境内输出地点装载后的运输及其相关费用、保险费；在货物价款中单独列明由卖方承担的佣金。

出口货物完税价格的计算公式如下：

完税价格=离岸价格÷(1+出口关税税率)

【例 4-2】下列关于关税完税价格的说法，正确的是（　　）。

A. 出口货物关税的完税价格不包含出口关税

B. 进口货物的保险费无法确定时，海关应按照货价的5%计算保险费

C. 进口货物的关税完税价格不包括进口关税

D. 经海关批准的暂时进境货物，应当按照一般进口货物估价办法的规定，估定进口货物完税价格

E. 出口货物的完税价格，由海关以该货物的成交价格为基础审查确定，并应包括货物运至我国境内输出地点装载前的运输及其相关费用、保险费

【解析】进口货物的保险费无法确定时，应当按照“货价加运费”两者总额的3‰计算保险费。所以B项说法错误，正确答案为ACDE。

（2）出口货物的估价方法

出口货物的成交价格不能确定时，海关经了解有关情况，并且与纳税义务人进行价格磋商后，依次以下列价格审查确定该货物的完税价格：

1）与该货物同时或者大约同时向同一国家或者地区出口的相同货物的成交价格；

2）与该货物同时或者大约同时向同一国家或者地区出口的类似货物的成交价格；

3）根据境内生产相同或类似货物的成本、利润和一般费用（包括直接费用和间接费用）、境内发生的运输及其相关费用、保险费计算所得的价格；

4）按照合理方法估定的价格。

二、关税应纳税额的计算

1. 关税从价税应纳税额的计算

关税税额=应税进（出）口货物数量×单位完税价格×税率

（1）以 CIF 成交的进出口货物的关税计算

以 CIF 成交的进口货物，如果申报价格符合规定的“成交价格”条件，则可直接计算出应纳关税税额。

进口货物应纳进口关税额=CIF×关税税率

出口货物应纳出口关税额=(CIF-保险费-运费)÷(1+关税税率)×关税税率

【例 4-3】W 公司从美国进口一批有机化学品，到岸价格为 CIF 上海 80 万美元，另外在货物成交过程中，公司向卖方支付佣金 4 万美元，已知当时 1 美元兑换 6.60 元人民币，该产品的进口关税税率为 20%。则该公司进口该批货物应纳关税是多少？

【解析】该批货物的完税价格包括到岸价格和支付给卖方的佣金。

完税价格 =（800 000+40 000）×6.60 = 5 544 000（元）

应纳进口关税额 = 5 544 000×20% = 1 108 800（元）

（2）以 FOB 和 CFR 条件成交的进出口货物的关税计算

以 FOB 和 CFR 条件成交的进口货物，在计算税款时应先把进口货物的申报价格折算成 CIF 价，然后按上述程序计算应纳关税税额。

进口货物应纳进口关税额 =（FOB+运杂费+保险费）×关税税率

出口货物应纳出口关税额 = FOB÷（1+关税税率）×关税税率

进口货物应纳进口关税额 =（CFR+保险费）×关税税率

出口货物应纳出口关税额 =（CFR−运费）÷（1+关税税率）×关税税率

【例 4-4】某公司出口商品一批，我国口岸 FOB 价格折合人民币 600 000 元，出口关税税率 20%，根据海关开出的专用税款缴款书，以银行转账支票支付税款，应纳的出口关税是多少？

【解析】出口关税 = 600 000÷（1+20%）×20% = 100 000（元）

【例 4-5】某进出口公司 12 月进口化妆品一批，支付国外的买价 220 万元、国外的卖方经纪费 4 万元；支付运抵我国海关地前的运输费用 20 万元、装卸费用和保险费用共 11 万元。计算该公司进口环节应缴纳的关税（进口关税税率为 20%）。

【解析】进口环节应纳关税 =（220+4+20+11）×20% = 51（万元）

2. 关税从量税应纳税额的计算

从量税以进口货物的长度、重量、面积、体积、容积等计量单位为计税依据。从量税不受商品价格的影响，计税方法简便。目前我国对原油、部分鸡产品、啤酒、胶卷进口采取从量计算税款。

关税税额=应税进（出）口数量×单位货物税额

【例 4-6】广州市某公司 2021 年从国外进口日本产的彩色摄影胶卷 50 000 卷（1 卷=0. 057 75 平方米），规格为 136/16，经海关审定其成交价格为 CIF 广州 50 000 美元，原产国日本适用税率为 10 元/平方米。计算应缴纳的进口关税税额（外汇折算率 1 美元=人民币 6. 60 元）。

【解析】换算计税单位：50 000×0. 057 75=2 887. 50（平方米）

应纳进口关税税额=2 887. 50×10=28 875（元）

3. 关税复合税应纳税额的计算

复合税同时以进口货物的价格和数量作为计税依据。我国目前实行的复合税都是先计征从量税，再计征从价税。

关税税额=应税进（出）口货物数量×单位货物税额+应税进（出）口货物数量×单位完税价格×税率

4. 关税滑准税应纳税额的计算

关税税额=应税进（出）口货物数量×单位完税价格×滑准税税率

【任务实施】

解析：该批货物的完税价格包括支付国外的价款、国外经纪费、运抵我国海关地前的运输、装卸及保险费用。

完税价格=200+10+20+8=238（万元）

应纳进口关税额=238×20%=47. 6（万元）

任务三 关税的征收管理与纳税申报

【任务导入】

W 公司财务部门在进行上一年度财务资料整理、迎接年终审计时，发现上年度部分货物在进行进口关税申报时，存在适用税率不当，海关误征，造成多缴关税 200 000 元。W 公司能否向海关申请退还多缴的关税？

【相关知识】

一、关税的报关

1. 报关时间

(1) 进口货物自运输工具申报进境之日起 14 日内。

(2) 出口货物在货物运抵海关监管区后装货的 24 小时以前。

2. 报关应提交的相关材料

进出口货物报关时应当提交以下材料：进出口货物报关单、合同、发票、装箱清单、载货清单（舱单）、提（运）单、代理报关授权委托协议、进出口许可证件、海关要求的加工贸易手册（纸质或电子数据的）及其他进出口有关单证。

二、关税的缴纳

1. 纳税期限

(1) 纳税义务人应当自海关填发税款缴款书之日起 15 日内，向指定银行缴纳税款。

(2) 关税纳税人因不可抗力或在国家税收政策调整的情形下，不能按期缴纳税款的，经海关总署批准，可以延期缴纳税款，但最长不得超过 6 个月。

2. 纳税地点

根据纳税人的申请及进出口货物的具体情况，关税既可以在关境地缴纳，也可在主管地缴纳。关境地缴纳是指进出口货物在哪里通关，纳税人即在哪里缴纳关税，这是最常见的做法。主管地纳税是指纳税人住址所在地海关监管其通关并征收关税，它只适用于集装箱运载的货物。

三、关税的征管措施

1. 关税的强制执行

根据相关规定，纳税人或其代理人应当在海关规定的缴款期限内缴纳税款，逾期未缴的即构成关税滞纳。为保证海关决定的有效执行和国家财政收入的及时入库，《中华人民共和国海关法》赋予海关对滞纳关税的纳税人强制执行的权力。强制措施主要有两类：

(1) 征收关税滞纳金

滞纳金自关税缴纳期限届满之日起，至纳税义务人缴纳关税之日止，按滞纳税款 0.5‰的比例按日征收，周末或法定节假日不予扣除。

$$关税滞纳金金额=滞纳关税税额×滞纳金征收比率×滞纳天数$$

滞纳金的起征点为 50 元。

(2) 强制征收

如纳税义务人自海关填发缴款书之日起超过 3 个月仍未缴纳税款，经海关关长批准，海关可以采取强制扣缴、变价抵缴等强制措施。

2. 关税的退还

海关发现多征税款的，应当立即通知纳税义务人办理退税手续。纳税义务人应当自收到海关通知之日起3个月内办理有关退税手续。

纳税人自己发现的，应自缴纳税款之日起1年内书面申请退税，并加算银行同期存款利息。

可造成关税退还的四类情形如下：

（1）因海关误征，多纳税款的；

（2）海关核准免验进口的货物，在完税后发现有短缺情形，经海关审查认可的；

（3）已征出口关税的货物，因故未装运出口，申报退关，经海关查验属实的；

（4）对已征出口关税的出口货物和已征进口关税的进口货物，因货物品种或规格原因（非其他原因）原状复运进境或出境的，经海关查验属实的，也应退还已征关税。

3. 关税的补征和追征

关税的补征是指在进出口货物完税后，海关发现实际征收的关税税款少于应征税额，并且少征税额是非因纳税义务人违反规定造成的，而责令纳税义务人补缴税款差额的制度。海关发现少征或者漏征税款的，应自缴纳税款或者货物、物品放行之日起1年内，向纳税人补征。

关税的追征是指在进出口货物完税后，海关发现实际征收的关税税款少于应征税额，并且少征税额是因纳税义务人违反规定造成的，而责令纳税义务人补缴税款差额的制度。海关可以自缴纳税款或者货物、物品放行之日起3年内，向纳税义务人征缴并按日加收0.5‰的滞纳金。

4. 关税纳税争议的申诉

纳税义务人对所纳关税有异议的，自海关填发税款缴款书之日起30日内，向原征税海关的上一级海关书面申请复议，逾期申请复议的，海关不予受理。海关应当自收到复议申请之日起60日内做出复议决定，并以复议决定书的形式正式答复纳税义务人。纳税义务人对海关复议决定仍然不服的，可以自收到复议决定书之日起15日之内，向人民法院提起诉讼。

【任务实施】

解析： 纳税人发现因海关误征，造成多纳税款的，应自缴纳税款之日起1年内书面申请退税，并加算银行同期存款利息。所以，W公司应向海关书面申请退税。

案例分析

A公司2021年1月从境外B公司引进钢结构产品自动生产线，境外成交价格

(FOB) 160万元人民币（下同）。生产线运抵我国输入地点起卸前的运费和保险费12万元，境内运输费用1.2万元。另支付由买方负担的经纪费1万元，买方负担的包装材料和包装劳务费2万元，与生产线有关的境外开发设计费用5万元，生产线进口后的现场培训指导费用20万元。取得海关开具的完税凭证及国内运输部门开具的运输专用发票。该产品进口关税税率为30%。

请问：A公司进口环节应缴纳的关税应如何计算？

【解析】

1. 进口环节关税完税价格=160+12+1+2+5=180（万元）
2. 进口环节应缴纳的关税=180×30%=54（万元）

思考与练习

1. 简述关税的种类。
2. 简述关税在国际经济交往中的作用。
3. 一般进口货物的关税完税价格怎样计算？
4. 简述关税退还和追征的相关规定。

项目五
企业所得税的计算与申报

学习目标

知识目标

1. 熟悉企业所得税的特点和作用。
2. 熟悉企业所得税的税收优惠政策。
3. 熟悉企业所得税的纳税地点、纳税期限和纳税申报方法。

能力目标

1. 能根据企业业务资料对企业所得税的纳税人类型、适用税率进行正确判断。
2. 能根据企业相关业务资料准确计算企业的应纳税所得额，正确计算企业所得税应纳税额。

思维导图

- 项目五 企业所得税的计算与申报
  - 任务一 认识企业所得税
    - 企业所得税的概念、特点和作用
    - 企业所得税的纳税义务人：居民企业和非居民企业
    - 企业所得税的征税对象：居民企业和非居民企业的征税对象、来源于中国境内和境外所得的确定原则
    - 企业所得税的税率：25%、20%、15%、10%
    - 企业所得税的优惠政策：免税收入、减免税所得、低税率优惠、加计扣除、减计收入、税额抵免、抵扣应纳税所得额
  - 任务二 企业所得税的计算
    - 应纳税所得额的确定：基本收入、特殊收入、不征税收入和免税收入、收入确认时间、税前扣除项目、扣除标准、不得扣除的项目、亏损弥补、资产的税务处理、资产损失
    - 居民企业应纳税额的计算：查账征收、核定征收
    - 非居民企业应纳税额的计算：应纳税所得额的确定、源泉扣缴
  - 任务三 企业所得税的征收管理与纳税申报
    - 企业所得税的征收管理：纳税地点、纳税时间
    - 企业所得税的纳税申报

任务一 认识企业所得税

【任务导入】

山东诚扬有限责任公司在山东青岛注册成立，实际管理机构也在青岛；甲公司依据德国相关法律成立，实际管理机构也在德国，未在中国设立机构、场所，但有来源于中国境内的所得；乙公司根据英国法律成立，实际管理机构在北京；丙公司也是根据英国法律成立，实际管理机构设在英国，但在我国境内设有分支机构。

请分析判断山东诚扬有限责任公司和甲、乙、丙三家外国公司的企业类型。

【相关知识】

一、企业所得税的概念、特点和作用

1. 企业所得税的概念

企业所得税，是国家对境内企业生产经营所得和其他所得依法征收的一种税。它是国家参与企业利润分配并调节收入的重要手段，也是国家筹集财政收入的重要渠道。

2. 企业所得税的特点

（1）征税对象是所得额

所得额是指纳税人的收入总额扣除各项成本、费用后的余额，它既不完全等于企业实现的利润额，也不是企业的增值额。它是以税务所得为计税额，凡是在财务会计处理上与税法规定相抵触的，以税法规定为准。

（2）符合税收公平的原则

税收公平原则是指根据纳税人的负担能力确定税负，即体现量能负担的原则，所得多的多征，所得少的少征，无所得的不征，较好地体现了税法公平的原则。

（3）计征比较复杂

企业所得税的计税依据是净所得，净所得的计算涉及成本、费用的归集与分配，计算和征收的难度较大。另外，企业所得税作为调节国民收入分配、执行经济政策的重要工具，规定了税前扣除项目与非扣除项目，计征程序也比较复杂。

（4）税收负担不易转嫁

企业所得税以纳税人的应税所得额为课税对象，在分配环节予以课征。一般来说，企业所得税税负不易转嫁，所得税又称为直接税。

3. 企业所得税的作用

（1）组织税收收入的作用

企业所得税对组织国家税收收入具有非常重要的作用。随着我国国民经济的快速发展和企业经济效益的不断提高，企业所得税作为税收收入的主体税种之一，收入取得了较快的增长。

（2）宏观调控作用

企业所得税有减免税、降低税率、加计扣除、加速折旧、减计收入等众多的税收优惠措施，是贯彻国家产业政策和社会政策、实施宏观调控的主要政策工具，促进了我国产业结构调整和经济又好又快的发展。

（3）对企业的监督作用

纳税人应纳税所得额核算正确与否，直接反映企业对成本、费用、利润等有关方面财务制度的执行情况，能够对纳税人的经济活动起到监督和检查的作用，及时发现并矫正纳税人的违法违规行为。

二、企业所得税的纳税义务人

企业所得税的纳税人为在我国境内的企业和其他取得收入的组织（以下统称企业）。企业所得税纳税人包括各类企业、事业单位、社会团体、民办非企业单位和从事经营活动的其他组织。

依照我国法律、行政法规成立的个人独资企业、合伙企业，不属于企业所得税纳税人，不缴纳企业所得税。

企业所得税采取收入来源地管辖权和居民管辖权相结合的双重管辖权。企业分为居民企业和非居民企业，分别确定不同的纳税义务。

1. 居民企业

居民企业，是指依法在中国境内成立，或者依照外国（地区）法律成立但实际管理机构在中国境内的企业。例如，在英国成立的企业，但实际管理机构在中国境内，则属于居民企业。

实际管理机构，是指对企业的生产经营、人员、账务、财产等实施实质性全面管理和控制的机构。

2. 非居民企业

非居民企业，是指依照外国（地区）法律成立且实际管理机构不在中国境内，但在中国境内设立机构、场所的，或者在中国境内未设立机构、场所，但有来源于中国境内所得的企业。例如，在我国设立办事处的外国企业。

机构、场所，是指在中国境内从事生产经营活动的机构、场所，包括：

（1）管理机构、营业机构、办事机构；

（2）工厂、农场、开采自然资源的场所；

（3）提供劳务的场所；

（4）从事建筑、安装、装配、修理、勘探等工程作业的场所；

（5）其他从事生产经营活动的机构、场所。

知识链接

我国法律规定，个人独资企业和合伙企业的出资人对外承担无限责任，企业的财产与出资人的财产密不可分，生产经营收入就是出资人个人的收入。所以，个人独资企业和合伙企业应就其出资人所得缴纳个人所得税。

【例 5-1】根据企业所得税法律制度的规定，下列各项中不属于企业所得税纳税人的是（　　）。

A. 有限责任公司　　B. 事业单位

C. 合伙企业　　D. 国有独资公司

【解析】本题考查企业所得税的纳税义务人。企业所得税纳税人包括各类企业、事业单位、社会团体、民办非企业单位和从事经营活动的其他组织。个人独资企业和合伙企业为个人所得税的纳税人。所以正确答案为 C。

【例 5-2】根据企业所得税法律制度的规定，以下属于非居民企业的是（　　）。

A. 依照外国法律成立，实际管理机构在境内的甲公司

B. 依照中国法律成立，实际管理机构在境内的乙公司

C. 依照外国法律成立且实际管理机构在国外，但在境内设立机构、场所的

D. 依照中国法律成立，在国外设立机构、场所的

【解析】非居民企业，是指依照外国（地区）法律成立且实际管理机构不在中国境内，但在中国境内设立机构、场所的，或者在中国境内未设立机构、场所，但有来源于中国境内所得的企业。所以正确答案为 C。

三、企业所得税的征税对象

1. 居民企业的征税对象

居民企业应当就其来源于中国境内、境外的所得缴纳企业所得税，对我国负有无限

的纳税义务。它包括销售货物所得、提供劳务所得、转让财产所得、股息红利等权益性投资所得、利息所得、租金所得、特许权使用费所得、接受捐赠所得和其他所得。

2. 非居民企业的征税对象

非居民企业在中国境内设立机构、场所的，应当就其所设机构、场所取得的来源于中国境内的所得，以及发生在中国境外但与其所设机构、场所有实际联系的所得，缴纳企业所得税。即非居民企业对我国负有有限的纳税义务。

非居民企业在中国境内未设立机构、场所的，或者虽设立机构、场所但取得的所得与其所设机构、场所没有实际联系的，应当就其来源于中国境内的所得缴纳企业所得税。

实际联系，是指非居民企业在中国境内设立的机构、场所拥有据以取得所得的股权、债权，以及拥有、管理、控制据以取得所得的财产等。

3. 来源于中国境内、境外所得的确定原则

（1）销售货物所得，按照交易活动发生地确定；

（2）提供劳务所得，按照劳务发生地确定；

（3）转让财产所得，不动产转让所得按照不动产所在地确定，动产转让所得按照转让动产的企业或者机构、场所所在地确定，权益性投资资产转让所得按照被投资企业所在地确定；

（4）股息、红利等权益性投资所得，按照分配所得的企业所在地确定；

（5）利息所得、租金所得、特许权使用费所得，按照负担、支付所得的企业或者机构、场所所在地确定，或者按照负担、支付所得的个人的住所地确定；

（6）其他所得，由国务院财政、税务主管部门确定。

【例 5-3】根据企业所得税法律制度的规定，下列关于来源于中国境内、境外所得确定原则的表述中，正确的是（　　）。

A. 转让不动产所得，按照转让不动产的企业所在地确定

B. 股息、红利等权益性投资所得，按照分配所得的企业所在地确定

C. 特许权使用费所得，按照交易活动发生地确定

D. 提供劳务所得，按照劳务发生地确定

【解析】不动产转让所得按照不动产所在地确定，所以选项 A 错误；特许权使用费所得，按照负担、支付所得的企业或者机构、场所所在地确定，或者按照负担、支付所得的个人的住所地确定，所以选项 C 错误。正确答案为 BD。

四、企业所得税的税率

企业所得税实行比例税率，基本税率为25%。

居民企业以及在中国境内设立机构、场所且取得的所得与其所设机构、场所有实际联系的非居民企业，应当就其来源于中国境内、境外的所得缴纳企业所得税，适用税率为25%。

非居民企业在中国境内未设立机构、场所的，或者虽设立机构、场所但取得的所得与其所设机构、场所没有实际联系的，应当就其来源于中国境内的所得缴纳企业所得税，适用税率为20%，减按10%的税率征收。

五、企业所得税的优惠政策

企业所得税的税收优惠，是指国家根据经济和社会发展的需要，在一定的期限内对特定地区、行业和企业的纳税人应缴纳的企业所得税，给予减征和免征的一种照顾和鼓励措施。税收优惠具有很强的政策导向作用，正确制定并运用这种措施，可以更好地发挥税收的调节功能，促进国民经济健康发展。

1. 免税收入

免税收入是指企业的应税所得，按照税法规定免于征收企业所得税的收入。企业的免税收入包括以下收入：

（1）国债利息收入，是指企业持有国务院财政部门发行的国债取得的利息收入。

（2）符合条件的居民企业之间的股息、红利等权益性投资收益，是指居民企业直接投资于其他居民企业取得的投资收益。

（3）在中国境内设立机构、场所的非居民企业从居民企业取得与该机构、场所有实际联系的股息、红利等权益性投资收益，不包括连续持有居民企业公开发行并上市流通的股票不足12个月取得的投资收益。

（4）符合条件的非营利组织的收入，不包括非营利组织从事营利性活动取得的收入，但国务院财政、税务主管部门另有规定的除外。也就是说，对非营利组织从事非营利性活动取得的收入给予免税，但其从事营利性活动取得的收入则要征税。

2. 减免税所得

（1）企业从事下列项目的所得，免征企业所得税：

1）蔬菜、谷物、薯类、油料、豆类、棉花、麻类、糖料、水果、坚果的种植；

2）农作物新品种的选育；

3）中药材的种植；

4）林木的培育和种植；

5）牲畜、家禽的饲养；

6）林产品的采集；

7）灌溉、农产品初加工、兽医、农技推广、农机作业和维修等农、林、牧、渔服务业项目；

8）远洋捕捞。

（2）企业从事下列项目的所得，减半征收企业所得税：

1）花卉、茶以及其他饮料作物和香料作物的种植；

2）海水养殖、内陆养殖。

企业从事国家限制和禁止发展的项目，不得享受本条规定的企业所得税优惠。

【例 5-4】根据企业所得税法律制度的规定，企业从事下列项目的所得，减半征收企业所得税的是（　　）。

A. 水果种植　　B. 花卉种植

C. 林木的培育和种植　　D. 远洋捕捞

【解析】选项 ACD 属于免征企业所得税项目。所以正确答案为 B。

（3）“三免三减半”政策

1）企业从事国家重点扶持的公共基础设施项目投资经营的所得，自项目取得第一笔生产经营收入所属纳税年度起，第一年至第三年免征企业所得税，第四年至第六年减半征收企业所得税。国家重点扶持的公共基础设施项目，是指《公共基础设施项目企业所得税优惠目录》规定的港口码头、机场、铁路、公路、城市公共交通、电力、水利等项目。

2）企业从事符合条件的环境保护、节能节水项目的所得，自项目取得第一笔生产经营收入所属纳税年度起，第一年至第三年免征企业所得税，第四年至第六年减半征收企业所得税。符合条件的环境保护、节能节水项目，包括公共污水处理、公共垃圾处理、沼气综合开发利用、节能减排技术改造、海水淡化等。

3）符合条件的技术转让所得免征、减征企业所得税，是指一个纳税年度内，居民企业技术转让所得不超过 500 万元的部分，免征企业所得税；超过 500 万元的部分，减半征收企业所得税。其计算公式为：

技术转让所得=技术转让收入-技术转让成本-相关税费

4）自 2020 年 1 月 1 日起，国家鼓励的集成电路线宽小于 28 纳米（含），且经营期在 15 年以上的集成电路生产企业或项目，第 1 年至第 10 年免征企业所得税；国家鼓励的集成电路线宽小于 65 纳米（含），且经营期在 15 年以上的集成电路生产企业或项目，第 1 年至第 5 年免征企业所得税，第 6 年至第 10 年按照 25%的法定税率减半征收企业所得

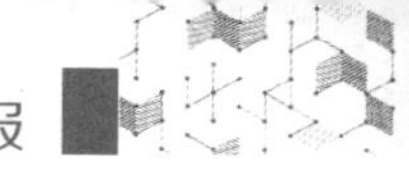

税；国家鼓励的集成电路线宽小于 130 纳米（含），且经营期在 10 年以上的集成电路生产企业或项目，第 1 年至第 2 年免征企业所得税，第 3 年至第 5 年按照 25%的法定税率减半征收企业所得税。

对于按照集成电路生产企业享受税收优惠政策的，优惠期自获利年度起计算；对于按照集成电路生产项目享受税收优惠政策的，优惠期自项目取得第 1 笔生产经营收入所属纳税年度起计算，集成电路生产项目需单独进行会计核算、计算所得，并合理分摊期间费用。

国家鼓励的线宽小于 130 纳米（含）的集成电路生产企业，属于国家鼓励的集成电路生产企业清单年度之前 5 个纳税年度发生的尚未弥补完的亏损，准予向以后年度结转，总结转年限最长不得超过 10 年。

5）国家鼓励的集成电路设计、装备、材料、封装、测试企业和软件企业，自获利年度起，第 1 年至第 2 年免征企业所得税，第 3 年至第 5 年按照 25%的法定税率减半征收企业所得税。

国家鼓励的重点集成电路设计企业和软件企业，自获利年度起，第 1 年至第 5 年免征企业所得税，接续年度减按 10%的税率征收企业所得税。

3. 低税率优惠

（1）对符合条件的小型微利企业，减按 20%的税率征收企业所得税。符合条件的小型微利企业是指从事国家非限制和禁止行业，并且同时符合下列条件的企业：①工业企业，年度应纳税所得额不超过 30 万元，从业人数不超过 100 人，资产总额不超过 3 000 万元；②其他企业，年度应纳税所得额不超过 30 万元，从业人数不超过 80 人，资产总额不超过 1 000 万元。

（2）对国家需要重点扶持的高新技术企业，减按 15%的税率征收企业所得税。

（3）自 2018 年 1 月 1 日起，对经认定的技术先进型服务企业（服务贸易类），减按 15%的税率征收企业所得税。

（4）自 2021 年 1 月 1 日至 2030 年 12 月 31 日，对设在西部地区的鼓励类产业企业减按 15%的税率征收企业所得税。鼓励类产业企业是指以《西部地区鼓励类产业目录》中规定的产业项目为主营业务，且其主营业务收入占企业收入总额 60%以上的企业。

（5）在中国境内未设立机构、场所的，或者虽设立机构、场所但取得的所得与其所设机构、场所没有实际联系的非居民企业，其取得的来源于中国境内的所得，减按 10%的税率征收企业所得税。

下列所得可以免征企业所得税：

1）外国政府向中国政府提供贷款取得的利息所得。

2）国际金融组织向中国政府和居民企业提供优惠贷款取得的利息所得。

3）经国务院批准的其他所得。

企业所得税税率见表 5-1。

表 5-1 企业所得税税率

<table>
<tr><th colspan="2">税率</th><th>适用对象</th></tr>
<tr><td colspan="2" rowspan="2">25%</td><td>居民企业</td></tr>
<tr><td>在中国境内设立机构、场所且取得的所得与所设机构、场所有实际联系的非居民企业</td></tr>
<tr><td rowspan="4">优惠税率</td><td rowspan="2">10%</td><td>在中国境内未设立机构、场所的非居民企业</td></tr>
<tr><td>虽设立机构、场所，但取得的所得与所设机构、场所没有实际联系的非居民企业</td></tr>
<tr><td>15%</td><td>高新技术企业、设在西部地区的鼓励类产业企业、技术先进型服务企业（服务贸易类）</td></tr>
<tr><td>20%</td><td>小型微利企业</td></tr>
</table>

【例 5-5】根据企业所得税法律制度的规定，下列企业适用 15%税率的是（　　）。

A. 在中国境内未设立机构、场所的，或者虽设立机构、场所但取得的所得与其所设机构、场所没有实际联系的非居民企业

B. 国家重点扶持的高新技术企业

C. 技术先进型服务企业

D. 依据中国法律成立的有限合伙企业

【解析】对国家需要重点扶持的高新技术企业，减按 15%的税率征收企业所得税。自 2018 年 1 月 1 日起，对经认定的技术先进型服务企业（服务贸易类），减按 15%的税率征收企业所得税。在中国境内未设立机构、场所的，或者虽设立机构、场所但取得的所得与其所设机构、场所没有实际联系的非居民企业，其取得的来源于中国境内的所得，减按 10%的税率征收企业所得税。依据中国法律成立的有限合伙企业的所得税税率为 25%。所以正确答案为 BC。

4. 加计扣除

企业的下列支出，可以在计算应纳税所得额时加计扣除：

（1）研究开发费用

研究开发费用的加计扣除，是指企业为开发新技术、新产品、新工艺发生的研究开发费用，未形成无形资产计入当期损益的，在按照规定据实扣除的基础上，按照研究开发费用的 50%加计扣除；形成无形资产的，按照无形资产成本的 150%摊销。

下列行业不适用税前加计扣除政策：①烟草制造业；②住宿和餐饮业；③批发和零售业；④房地产业；⑤租赁和商务服务业；⑥娱乐业；⑦财政部和国家税务总局规定的其他行业。

（2）安置残疾人员所支付的工资

企业安置残疾人员所支付的工资的加计扣除，是指企业安置残疾人员的，在按照支付给残疾职工工资据实扣除的基础上，按照支付给残疾职工工资的100%加计扣除。企业安置国家鼓励安置的其他就业人员所支付的工资的加计扣除办法，由国务院另行规定。

5. 减计收入

企业以《资源综合利用企业所得税优惠目录》规定的资源作为主要原材料，生产国家非限制和禁止并符合国家和行业相关标准的产品取得的收入，减按90%计入收入总额。应注意，原材料占生产产品材料的比例不得低于优惠目录规定的标准。

自2019年6月1日起至2025年12月31日，提供养老、托育、家政等服务的机构，提供社区养老、托育、家政服务取得的收入，在计算应纳税所得额时，减按90%计入收入总额。

6. 税额抵免

企业购置并实际使用规定的环境保护、节能节水、安全生产等专用设备的，该专用设备的投资额的10%可以从企业当年的应纳税额中抵免；当年不足抵免的，可以在以后5个纳税年度结转抵免。

享受上述规定的企业所得税优惠政策的企业，应当实际购置并自身实际投入使用上述规定的专用设备；企业购置上述专用设备在5年内转让、出租的，应当停止享受企业所得税优惠，并补缴已经抵免的企业所得税税款。

7. 抵扣应纳税所得额

创业投资企业采取股权投资方式投资于未上市的中小高新技术企业2年以上的，可以按照其投资额的70%在股权持有满2年的当年抵扣该创业投资企业的应纳税所得额；当年不足抵扣的，可以在以后纳税年度结转抵扣。

【任务实施】

解析：山东诚扬有限责任公司在中国注册成立，且实际管理机构也在中国，是居民企业；乙公司实际管理机构在北京，也是居民企业。甲公司是依照外国法律成立，且实际管理机构在德国，但是有来源于中国境内的所得，所以是非居民企业；丙公司是依照外国法律成立，且实际管理机构在外国，但在我国境内设有分支机构，所以是非居民企业。

任务二 企业所得税的计算

【任务导入】

山东诚扬有限责任公司主要生产、销售家用电器，2020年度实现利润总额561万元，取得主营业务收入4 000万元，出租闲置设备收入200万元，工资薪金总额为1 200万元，其中职工福利费为200万元，业务招待费为80万元，营业外支出为20万元，其中通过公益性社会组织向灾区捐款14万元。

请问：

1. 该公司列支的相关费用能否在税前据实扣除？
2. 如需调整，请计算各项目需要调整的金额。

【相关知识】

一、企业所得税计税依据——应纳税所得额的确定

企业所得税的计税依据是应纳税所得额。企业每一个纳税年度的收入总额，减去不征税收入、免税收入、各项扣除以及允许弥补的以前年度亏损后的余额为应纳税所得额。其计算公式为：

直接法：

应纳税所得额=收入总额-不征税收入-免税收入-各准予扣除项目金额-允许弥补的以前年度亏损

间接法：

应纳税所得额=会计利润总额+纳税调整增加额-纳税调整减少额

企业应纳税所得额的计算，以权责发生制为原则，属于当期的收入和费用，不论款项是否收付，均作为当期的收入和费用；不属于当期的收入和费用，即使款项已经在当期收付，均不作为当期的收入和费用。在计算应纳税所得额时，企业财务、会计处理办法与税收法律法规的规定不一致的，应当依照税收法律法规的规定计算。

1. 基本收入

企业所得税的收入总额，是指以货币形式和非货币形式从各种来源取得的收入，包括不征税收入和免税收入。

企业取得收入的货币形式，包括现金、存款、应收账款、应收票据、准备持有至到期的债券投资以及债务的豁免等。

企业取得收入的非货币形式，包括固定资产、生物资产、无形资产、股权投资、存货、不准备持有至到期的债券投资、劳务收入以及有关权益等。非货币形式收入应当按照公允价值确定收入额。

（1）销售货物收入，是指企业销售商品、产品、原材料、包装物、低值易耗品以及其他存货取得的收入。

（2）提供劳务收入，是指企业从事建筑安装、修理修配、交通运输、仓储租赁、金融保险、邮电通信、咨询经纪、文化体育、科学研究、技术服务、教育培训、餐饮住宿、中介代理、卫生保健、社区服务、旅游、娱乐、加工以及其他劳务服务活动取得的收入。

（3）转让财产收入，是指企业转让固定资产、生物资产、无形资产、股权、债权等财产取得的收入。

（4）股息、红利等权益性投资收益，是指企业因权益性投资从被投资方取得的收入。

（5）利息收入，是指企业将资金提供他人使用但不构成权益性投资，或者因他人占用本企业资金取得的收入，包括存款利息、贷款利息、债券利息、欠款利息等收入。

（6）租金收入，是指企业提供固定资产、包装物或者其他有形资产的使用权取得的收入。

（7）特许权使用费收入，是指企业提供专利权、非专利技术、商标权、著作权以及其他特许权的使用权取得的收入。

（8）接受捐赠收入，是指企业接受的来自其他企业、组织或者个人无偿给予的货币性资产、非货币性资产。

（9）其他收入，包括企业资产溢余收入、逾期未退包装物押金收入、确实无法偿付的应付款项、已作坏账损失处理后又收回的应收款项、债务重组收入、补贴收入、违约金收入、汇兑收益等。

2. 特殊收入

（1）以分期收款方式销售货物的，按照合同约定的收款日期确认收入的实现。

（2）企业受托加工制造大型机械设备、船舶、飞机，以及从事建筑、安装、装配工程业务或者提供其他劳务等，持续时间超过 12 个月的，按照纳税年度内完工进度或者完成的工作量确认收入的实现。

（3）采取产品分成方式取得收入的，按照企业分得产品的日期确认收入的实现，其收入额按照产品的公允价值确定。

（4）企业发生非货币性资产交换，以及将货物、财产、劳务用于捐赠、偿债、赞助、集资、广告、样品、职工福利或者利润分配等用途的，应当视同销售货物、转让财产或者提供劳务，但国务院财政、税务主管部门另有规定的除外。

3. 不征税收入和免税收入

（1）不征税收入

不征税收入包括财政拨款、行政事业性收费、政府性基金及其他不征税收入。

1）财政拨款，是指各级人民政府对纳入预算管理的事业单位、社会团体等组织拨付的财政资金，但国务院和国务院财政、税务主管部门另有规定的除外。

2）行政事业性收费，是指依照法律法规等有关规定，按照国务院规定程序批准，在实施社会公共管理，以及在向公民、法人或者其他组织提供特定公共服务过程中，向特定对象收取并纳入财政管理的费用。

3）政府性基金，是指企业依照法律、行政法规等有关规定，代政府收取的具有专项用途的财政资金。

4）其他不征税收入，是指企业取得的、由国务院财政、税务主管部门规定专项用途并经国务院批准的财政性资金。

（2）免税收入，包括国债利息收入、符合条件的投资收益及非营利组织收入等（详见任务一企业所得税的优惠政策）。

【例 5-6】根据企业所得税法律制度的规定，下列各项中属于不征税收入的是（　　）。

A. 财政拨款　　B. 违约金收入

C. 接受捐赠收入　　D. 国债利息收入

【解析】违约金收入和接受捐赠收入都属于应税收入，国债利息收入属于免税收入，所以正确答案为 A。

4. 收入确认时间

（1）采取下列商品销售方式的，按照以下规定确认收入实现时间：

1）销售商品采用托收承付方式的，在办妥托收手续时确认收入。

2）销售商品采用预收款方式的，在发出商品时确认收入。

3）销售商品需要安装和检验的，在购买方接受商品以及安装和检验完毕时确认收入。如果安装程序比较简单，可在发出商品时确认收入。

4）销售商品采用支付手续费方式委托代销的，在收到代销清单时确认收入。

（2）提供劳务收入，按照以下规定确认收入实现时间：

1）在各个纳税期末采用完工进度法（完工百分比）确认。

2）企业受托加工制造大型机械设备、船舶、飞机，以及从事建筑、安装、装配工程

业务或者提供其他劳务等，持续时间超过 12 个月的，按照纳税年度内完工进度或者完成的工作量确认收入的实现。

（3）股息、红利等权益性投资收益，除国务院财政、税务主管部门另有规定外，按照被投资方作出利润分配决定的日期确认收入的实现。

（4）利息收入，按照合同约定的债务人应付利息的日期确认收入的实现。

（5）租金收入，按照以下规定确认收入实现时间：

1）按照合同约定的承租人应付租金的日期确认收入的实现。

2）如果交易合同或协议中规定租赁期限跨年度，且租金提前一次性支付的，出租人可对上述已确认的收入，在租赁期内分期均匀计入相关年度收入。

（6）特许权使用费收入，按照合同约定的特许权使用人应付特许权使用费的日期确认收入的实现。

（7）接受捐赠收入，按照实际收到捐赠资产的日期确认收入的实现。

5. 税前扣除项目

企业实际发生的与取得收入有关的、合理的支出，包括成本、费用、税金、损失和其他支出，准予在计算应纳税所得额时扣除。合理的支出，是指符合生产经营活动常规，应当计入当期损益或者有关资产成本的必要和正常的支出。

企业发生的支出应当区分收益性支出和资本性支出。收益性支出在发生当期直接扣除；资本性支出应当分期扣除或者计入有关资产成本，不得在发生当期直接扣除。

企业不征税收入用于支出所形成的费用或者财产，不得扣除或者计算对应的折旧、摊销扣除。

（1）成本，是指企业在生产经营活动中发生的销售成本、销货成本、业务支出以及其他耗费。

（2）费用，是指企业在生产经营活动中发生的销售费用、管理费用和财务费用。已经计入成本的有关费用除外。

（3）税金，是指企业发生的除企业所得税和允许抵扣的增值税以外的各项税金及其附加，如消费税、资源税、土地增值税、出口关税、城市维护建设税及教育费附加、房产税、车船税、城镇土地使用税、印花税等允许税前扣除的税费。

（4）损失，是指企业在生产经营活动中发生的固定资产和存货的盘亏、毁损、报废损失，转让财产损失，呆账损失，坏账损失，自然灾害等不可抗力因素造成的损失以及其他损失。

（5）其他支出，是指除成本、费用、税金、损失外，企业在生产经营活动中发生的与生产经营活动有关的、合理的支出。

6. 扣除标准

（1）工资、薪金支出

企业发生的合理的工资、薪金支出允许税前据实扣除。工资、薪金，是指企业每一纳税年度支付给在本企业任职或者受雇的员工的所有现金形式或者非现金形式的劳动报酬，包括基本工资、奖金、津贴、补贴、年终加薪、加班工资，以及与员工任职或者受雇有关的其他支出。

（2）“四项”经费支出

“四项”经费包括职工福利费、工会经费、职工教育经费和党组织工作经费。

1）企业发生的职工福利费支出，不超过工资薪金总额14%的部分，准予扣除。

企业的职工福利费，包括以下内容：①尚未实行分离办社会职能的企业，其内设福利部门所发生的设备、设施和人员费用，包括职工食堂、职工浴室、理发室、医务所、托儿所、疗养院等集体福利部门的设备、设施及维修保养费用和福利部门工作人员的工资薪金、社会保险费、住房公积金、劳务费等。②为职工卫生保健、生活、住房、交通等所发放的各项补贴和非货币性福利，包括企业向职工发放的因公外地就医费用、未实行医疗统筹企业职工医疗费用、职工供养直系亲属医疗补贴、供暖费补贴、职工防暑降温费、职工困难补贴、救济费、职工食堂经费补贴、职工交通补贴等。③按照其他规定发生的其他职工福利费，包括丧葬补助费、抚恤费、安家费、探亲假路费等。

2）企业拨缴的工会经费，不超过工资薪金总额2%的部分，准予扣除。

3）企业发生的职工教育经费支出，不超过工资薪金总额8%的部分，准予扣除；超过部分，准予在以后纳税年度结转扣除。

4）党组织工作经费扣除标准如下：①国有企业纳入管理费用的党组织工作经费，实际支出不超过职工年度工资薪金总额1%的部分，可以据实在企业所得税前扣除。②非公有制企业党组织工作经费纳入企业管理费列支，不超过职工年度工资薪金总额1%的部分，可以据实在企业所得税前扣除。

【例5-7】山东诚扬有限责任公司为居民企业，2020年实发合理工资薪金总额1 200万元，实际支出200万元职工福利费，向工会拨付20万元工会经费，发生96万元职工教育经费。该公司在计算2020年度企业所得税应纳税所得额时，准予扣除的三项经费是多少？

【解析】

（1）职工福利费，扣除限额=1 200×14%=168（万元），该企业实际支付200万元，超出限额，准予扣除168万元。

（2）工会经费，扣除限额＝1 200×2%＝24（万元），该企业实际支付20万元，未超过限额，准予全额扣除20万元。

（3）职工教育经费，扣除限额＝1 200×8%＝96（万元），该企业实际支付96万元，未超过限额，准予全额扣除96万元。

（3）社会保险费

1）基本社会保险。企业依照国务院有关主管部门或者省级人民政府规定的范围和标准为职工缴纳的基本养老保险费、基本医疗保险费、失业保险费、工伤保险费等基本社会保险费和住房公积金，准予扣除。

2）补充社会保险。根据国家有关政策规定，为在本企业任职或者受雇的全体员工支付的补充养老保险费、补充医疗保险费，分别在不超过职工工资总额5%标准内的部分，准予扣除；超过的部分，不予扣除。

（4）业务招待费

企业发生的与生产经营活动有关的业务招待费支出，按照实际发生额的60%扣除，但最高不得超过当年销售（营业）收入的5‰。

知识链接

销售（营业）收入主要包括销售货物收入、提供劳务收入、特许权使用费收入、租金收入、视同销售收入。通常不包括转让财产收入，股息、红利等权益性投资收益，利息收入，接受捐赠收入，其他收入（如企业资产溢余收入、已作坏账损失处理后又收回的应收款项、违约金收入等）。

【例5-8】山东诚扬有限责任公司2020年度取得销售收入4 200万元，发生的与生产经营活动有关的业务招待费支出为80万元，该公司在计算2020年度企业所得税应纳税所得额时，准予扣除的业务招待费支出为（　　）万元。

A. 21　　B. 48　　C. 69　　D. 80

【解析】扣除限额 1=4 200×5‰=21（万元），扣除限额 2=80×60%=48（万元），实际支出 80 万元，按最低扣除限额 1 扣除。所以正确答案为 A。

（5）广告费和业务宣传费

企业发生的符合条件的广告费和业务宣传费支出，除国务院财政、税务主管部门另有规定外，不超过当年销售（营业）收入 15%的部分，准予扣除；超过部分，准予在以后纳税年度结转扣除。

烟草企业的烟草广告费和业务宣传费支出，一律不得在计算应纳税所得额时扣除。

【例 5-9】山东诚扬有限责任公司 2020 年度实现销售收入 4 200 万元，发生符合条件的广告费和业务宣传费支出 260 万元。计算该企业 2020 年度应纳税所得额时，允许扣除的广告费和业务宣传费支出为（　　）万元。

A. 260　　B. 350　　C. 210　　D. 630

【解析】企业发生的符合条件的广告费和业务宣传费支出，除国务院财政、税务主管部门另有规定外，不超过当年销售（营业）收入 15%的部分，准予扣除；扣除限额=4 200×15%=630（万元），已支付 260 万元，未超过扣除限额，准予据实扣除。所以正确答案为 A。

（6）借款费用

1）企业在生产经营活动中发生的合理的不需要资本化的借款费用，准予扣除。

2）企业为购置、建造固定资产、无形资产和经过 12 个月以上的建造才能达到预定可销售状态的存货发生借款的，在有关资产购置、建造期间发生的合理的借款费用，应当作为资本性支出计入有关资产的成本，并依照《企业所得税法实施条例》的有关规定扣除。

（7）利息费用

企业在生产经营活动中发生的下列利息支出，准予扣除：

1）非金融企业向金融企业借款的利息支出、金融企业的各项存款利息支出和同业拆借利息支出、企业经批准发行债券的利息支出，准予扣除。

2）非金融企业向非金融企业借款的利息支出，不超过按照金融企业同期同类贷款利率计算的数额的部分，准予扣除，超过部分不得扣除。

金融企业，是指各类银行、保险公司及经中国人民银行批准从事金融业务的非银行金融机构。

企业向除股东或其他与企业有关联关系的自然人以外的内部职工或其他人员借款的利息支出，其借款情况同时符合条件的，其利息支出在不超过按照金融企业同期同类贷款利率计算的数额的部分，准予扣除。

（8）公益性捐赠

企业发生的公益性捐赠支出，不超过年度利润总额12%的部分，准予扣除；超过年度利润总额12%的部分，准予结转以后三年内在计算应纳税所得额时扣除。公益性捐赠，是指企业通过公益性社会组织或者县级以上人民政府及其部门，用于符合法律规定的慈善活动、公益事业的捐赠。纳税人未通过规定机构、直接向受赠人的捐赠不允许扣除。

企业在对公益性捐赠支出计算扣除时，应先扣除以前年度结转的捐赠支出，再扣除当年发生的捐赠支出。

【例5-10】山东诚扬有限责任公司2020年度实现利润总额561万元，其营业外支出中，通过公益性社会团体向灾区捐款14万元。在计算该企业2020年度应纳税所得额时，允许扣除的捐款数额为（　　）万元。

A. 8.4　　B. 14　　C. 10　　D. 67.32

【解析】企业发生的公益性捐赠支出，在年度利润总额12%以内的部分，准予在计算应纳税所得额时扣除；超过年度利润总额12%的部分，准予结转以后三年内在计算应纳税所得额时扣除。扣除限额＝561×12%＝67.32（万元），2020年度公司公益性捐赠支出为14万元，未超过扣除限额，准予据实扣除。所以正确答案为B。

（9）环境保护专项资金

企业依照法律、行政法规有关规定提取的用于环境保护、生态恢复等方面的专项资金，准予扣除。上述专项资金提取后改变用途的，不得扣除。

（10）保险费

企业发生与生产经营有关的保险费，按以下方法扣除：

1）企业参加财产保险，按照规定缴纳的保险费，准予扣除。

2）企业参加雇主责任险、公众责任险等责任保险，按照规定缴纳的保险费，准予在税前扣除。

3）商业人身保险的扣除标准为：①除企业依照国家有关规定为特殊工种职工支付的人身安全保险费和国务院财政、税务主管部门规定可以扣除的其他商业保险费外，企业为投资者或职工支付的商业保险费，不得扣除。②企业职工因公出差乘坐交通工具发生

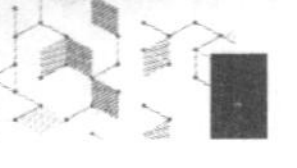

的人身意外保险费支出，准予企业在计算应纳税所得额时扣除。

（11）租赁费

企业根据生产经营活动的需要租入固定资产支付的租赁费，按照以下方法扣除：

1）以经营租赁方式租入固定资产发生的租赁费支出，按照租赁期限均匀扣除。

2）以融资租赁方式租入固定资产发生的租赁费支出，按照规定构成融资租入固定资产价值的部分应当提取折旧费用，分期扣除。

（12）劳动保护费

企业发生的合理的劳动保护支出，准予扣除。

（13）有关资产的费用

企业转让各类固定资产发生的费用，允许扣除。企业按规定计算的固定资产折旧费、无形资产和递延资产的摊销费，准予扣除。

（14）汇兑损失

企业在货币交易中，以及纳税年度终了时，将人民币以外的货币性资产、负债按照期末即期人民币汇率中间价折算为人民币时产生的汇兑损失，除已经计入有关资产成本及与向所有者进行利润分配相关的部分外，准予扣除。

（15）总机构分摊的费用

非居民企业在中国境内设立的机构、场所，就其中国境外总机构发生的与该机构、场所生产经营有关的费用，能够提供总机构出具的费用汇集范围、定额、分配依据和方法等证明文件，并合理分摊的，准予扣除。

（16）手续费及佣金支出

企业发生与生产经营有关的手续费及佣金支出，不超过以下规定计算限额以内的部分，准予扣除；超过部分，不得扣除：

1）保险企业。2019 年 1 月 1 日起，保险企业发生与其经营活动有关的手续费及佣金支出，不超过当年全部保费收入扣除退保金等后余额的 18%（含本数）的部分，在计算应纳税所得额时准予扣除；超过部分，允许结转以后年度扣除。

2）其他企业。按与具有合法经营资格的中介服务机构或个人（不含交易双方及其雇员、代理人和代表人等）所签订服务协议或合同确认的收入金额的 5% 计算限额，限额以内的部分准予扣除。

3）从事代理服务、主营业务收入为手续费、佣金的企业（如证券、期货、保险代理等企业），其为取得该类收入而实际发生的营业成本（包括手续费及佣金支出），准予在计算企业所得税前据实扣除。

（17）其他项目

依照有关法律、行政法规和国家有关税法规定准予扣除的其他项目，如会员费、合

理的会议费、差旅费、违约金、诉讼费用等。

7. 不得扣除的项目

（1）向投资者支付的股息、红利等权益性投资收益款项。

（2）企业所得税税款。

（3）税收滞纳金。

（4）罚金、罚款和被没收财物的损失。

小提示

上述第（3）、（4）项是纳税人承担行政责任或刑事责任的支出，在企业所得税税前不得扣除；如果是合同违约金、银行罚息、法院判决由企业承担的诉讼费等民事性质的款项，可以据实在企业所得税税前扣除。

（5）超过规定标准的公益性捐赠和非公益性捐赠的支出。

（6）赞助支出。具体是指企业发生的与生产经营活动无关的各种非广告性质支出。

（7）未经核定的准备金支出。具体是指不符合国务院财政、税务主管部门规定的各项资产减值准备、风险准备等准备金支出。

（8）企业之间支付的管理费、企业内营业机构之间支付的租金和特许权使用费，以及非银行企业内营业机构之间支付的利息。

（9）与取得收入无关的其他支出。

【例 5-11】根据企业所得税税法的有关规定，在计算应纳税所得额时准予扣除的支出是（　　）。

A. 向投资者支付的股息、红利等权益性投资收益款项

B. 企业所得税税款

C. 税收滞纳金

D. 给付银行的罚息

【解析】向投资者支付的股息、红利等权益性投资收益款项、企业所得税税款、税收滞纳金不得税前扣除，如果是合同违约金、银行罚息、法院判决由企业承担的诉讼费等民事性质的款项，可以据实在企业所得税税前扣除。所以正确答案为 D。

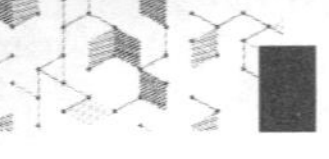

8. 亏损弥补

亏损，是指企业将每一纳税年度的收入总额减除不征税收入、免税收入和各项扣除后小于零的数额。税法规定，企业某一纳税年度发生的亏损可以用下一年度的所得弥补，下一年度的所得不足以弥补的，可以逐年延续弥补，但最长不得超过5年。企业在汇总计算缴纳企业所得税时，其境外营业机构的亏损不得抵减境内营业机构的盈利。

自2018年1月1日起，当年具备高新技术企业或科技型中小企业资格的企业，其具备资格年度之前5个年度发生的尚未弥补完的亏损，准予结转以后年度弥补，最长结转年限由5年延长至10年。

9. 资产的税务处理

企业的各项资产，包括固定资产、生产性生物资产、无形资产、长期待摊费用、投资资产、存货等，以历史成本为计税基础。历史成本，是指企业取得该项资产时实际发生的支出。

（1）固定资产

固定资产，是指企业为生产产品、提供劳务、出租或者经营管理而持有的、使用时间超过12个月的非货币性资产，包括房屋、建筑物、机器、机械、运输工具以及其他与生产经营活动有关的设备、器具、工具等。在计算应纳税所得额时，企业按照规定计算的固定资产折旧，准予扣除。

1）下列固定资产不得计算折旧扣除：

①房屋、建筑物以外未投入使用的固定资产；

②以经营租赁方式租入的固定资产；

③以融资租赁方式租出的固定资产；

④已足额提取折旧仍继续使用的固定资产；

⑤与经营活动无关的固定资产；

⑥单独估价作为固定资产入账的土地；

⑦其他不得计算折旧扣除的固定资产。

2）固定资产计税基础的确定。企业资产通常以历史成本为计税基础。企业持有各项资产期间资产增值或者减值，除国务院财政、税务主管部门规定可以确认损益外，不得调整该资产的计税基础。

①外购的固定资产，以购买价款和支付的相关税费以及直接归属于使该资产达到预定用途发生的其他支出为计税基础；

②自行建造的固定资产，以竣工结算前发生的支出为计税基础；

③融资租入的固定资产，以租赁合同约定的付款总额和承租人在签订租赁合同过程中发生的相关费用为计税基础，租赁合同未约定付款总额的，以该资产的公允价值和承

租人在签订租赁合同过程中发生的相关费用为计税基础；

④盘盈的固定资产，以同类固定资产的重置完全价值为计税基础；

⑤通过捐赠、投资、非货币性资产交换、债务重组等方式取得的固定资产，以该资产的公允价值和支付的相关税费为计税基础；

⑥改建的固定资产，除法定的支出外，以改建过程中发生的改建支出增加计税基础。

3）折旧方法。固定资产按照直线法计算的折旧，准予扣除。企业应当自固定资产投入使用月份的次月起计算折旧；停止使用的固定资产，应当自停止使用月份的次月起停止计算折旧。企业应当根据固定资产的性质和使用情况，合理确定固定资产的预计净残值。固定资产的预计净残值一经确定，不得变更。

4）折旧年限。除国务院财政、税务主管部门另有规定外，固定资产计算折旧的最低年限如下：

①房屋、建筑物，为 20 年；

②飞机、火车、轮船、机器、机械和其他生产设备，为 10 年；

③与生产经营活动有关的器具、工具、家具等，为 5 年；

④飞机、火车、轮船以外的运输工具，为 4 年；

⑤电子设备，为 3 年。

5）加速折旧

①企业的下列固定资产可以按照规定加速折旧：

a. 由于技术进步，产品更新换代较快的固定资产；

b. 常年处于强震动、高腐蚀状态的固定资产。

②自 2019 年 1 月 1 日起，全部制造业企业新购进的固定资产适用固定资产加速折旧优惠。

③加速折旧的方法

a. 缩短折旧年限方法：要求最低折旧年限不得低于法定折旧年限的 60%；

b. 加速折旧方法：可以采取双倍余额递减法或者年数总和法。

【例 5-12】根据企业所得税法律制度的规定，企业的下列资产或支出项目中，按规定应计提折旧的是（　　）。

A. 未投入使用的机器设备

B. 以融资租赁方式租入的固定资产

C. 已足额提取折旧仍继续使用的固定资产

D. 以经营租赁方式租入的固定资产

【解析】企业所得税法律制度规定，已足额提取折旧仍继续使用的固定资产不计提折旧，未投入使用的机器设备不计提折旧，以经营租赁方式租入的固定资产不计提折旧。所以正确答案为 B。

（2）无形资产

在计算应纳税所得额时，企业按照规定计算的无形资产摊销费用，准予扣除。无形资产，是指企业为生产产品、提供劳务、出租或者经营管理而持有的、没有实物形态的非货币性长期资产，包括专利权、商标权、著作权、土地使用权、非专利技术、商誉等。

1）下列无形资产不得计算摊销费用扣除：

①自行开发的支出已在计算应纳税所得额时扣除的无形资产；

②自创商誉；

③与经营活动无关的无形资产；

④其他不得计算摊销费用扣除的无形资产。

2）无形资产计税基础的确定

①外购的无形资产，以购买价款和支付的相关税费以及直接归属于使该资产达到预定用途发生的其他支出为计税基础；

②自行开发的无形资产，以开发过程中该资产符合资本化条件后至达到预定用途前发生的支出为计税基础；

③通过捐赠、投资、非货币性资产交换、债务重组等方式取得的无形资产，以该资产的公允价值和支付的相关税费为计税基础。

3）摊销方法。无形资产按照直线法计算的摊销费用，准予扣除。无形资产的摊销年限不得低于 10 年。作为投资或者受让的无形资产，有关法律规定或者合同约定了使用年限的，可以按照规定或者约定的使用年限分期摊销。

外购商誉的支出，在企业整体转让或者清算时，准予扣除。

（3）生产性生物资产

生产性生物资产，是指企业为生产农产品、提供劳务或者出租等而持有的生物资产，包括经济林、薪炭林、产畜和役畜等。

1）生产性生物资产计税基础的确定

①外购的生产性生物资产，以购买价款和支付的相关税费为计税基础；

②通过捐赠、投资、非货币性资产交换、债务重组等方式取得的生产性生物资产，以该资产的公允价值和支付的相关税费为计税基础。

2）折旧方法。生产性生物资产按照直线法计算的折旧，准予扣除。企业应当自生产性生物资产投入使用月份的次月起计算折旧；停止使用的生产性生物资产，应当自停止使用月份的次月起停止计算折旧。企业应当根据生产性生物资产的性质和使用情况，合理确定生产性生物资产的预计净残值。生产性生物资产的预计净残值一经确定，不得变更。

3）折旧年限。生产性生物资产计算折旧的最低年限如下：

①林木类生产性生物资产，为 10 年；

②畜类生产性生物资产，为 3 年。

（4）长期待摊费用

长期待摊费用，是指企业发生的应在一个年度以上或几个年度进行摊销的费用。在计算应纳税所得额时，企业发生的下列支出作为长期待摊费用，按照规定摊销的，准予扣除，确定摊销期限：

1）已足额提取折旧的固定资产的改建支出，按照固定资产预计尚可使用年限分期摊销。

2）租入固定资产的改建支出，按照合同约定的剩余租赁期限分期摊销。

所谓固定资产的改建支出，是指改变房屋或者建筑物结构、延长使用年限等发生的支出。改建的固定资产延长使用年限的，除前述规定外，应当适当延长折旧年限。

3）固定资产的大修理支出，按照固定资产尚可使用年限分期摊销。

固定资产的大修理支出，是指同时符合下列条件的支出：①修理支出达到取得固定资产时的计税基础 50%以上；②修理后固定资产的使用年限延长 2 年以上。

4）其他应当作为长期待摊费用的支出，自支出发生月份的次月起，分期摊销，摊销年限不得低于 3 年。

（5）投资资产

投资资产，是指企业对外进行权益性投资和债权性投资形成的资产。企业对外投资期间，投资资产的成本在计算应纳税所得额时不得扣除。企业在转让或者处置投资资产时，投资资产的成本准予扣除。投资资产按照以下方式确定成本：

1）通过支付现金方式取得的投资资产，以购买价款为成本；

2）通过支付现金以外的方式取得的投资资产，以该资产的公允价值和支付的相关税费为成本。

（6）存货

存货，是指企业持有以备出售的产品或者商品、处在生产过程中的在产品、在生产或者提供劳务过程中耗用的材料和物料等。企业使用或者销售存货，按照规定计算的存货成本，准予在计算应纳税所得额时扣除。

存货按照以下方法确定成本：

1）通过支付现金方式取得的存货，以购买价款和支付的相关税费为成本；

2）通过支付现金以外的方式取得的存货，以该存货的公允价值和支付的相关税费为成本；

3）生产性生物资产收获的农产品，以产出或者采收过程中发生的材料费、人工费和分摊的间接费用等必要支出为成本。

企业使用或者销售的存货的成本计算方法，可以在先进先出法、加权平均法、个别计价法中选用一种。计价方法一经选用，不得随意变更。

10. 资产损失

资产损失，是指企业在生产经营活动中实际发生的、与取得应税收入有关的资产损失，包括现金损失，存款损失，坏账损失，贷款损失，股权投资损失，固定资产和存货的盘亏、毁损、报废、被盗损失，自然灾害等不可抗力因素造成的损失以及其他损失。

（1）损失额的确定

企业发生的损失，减除责任人赔偿和保险赔款后的余额，依照国务院财政、税务主管部门的规定扣除。企业已经作为损失处理的资产，在以后纳税年度又全部收回或者部分收回时，应当计入当期收入。

【例 5-13】山东诚扬有限责任公司 2020 年发生存货损失 25 万元，取得保险公司赔款 5 万元，保管员赔偿 3 万元，则该公司可以税前扣除的损失是多少？

【解析】企业发生的损失，减除责任人赔偿和保险赔款后的余额，依照国务院财政、税务主管部门的规定扣除。所以该企业税前可以扣除的损失 = 25−5−3 = 17（万元）。

知识链接

1. 企业存货因管理不善损失而不能从增值税销项税额中抵扣的进项税额，应视同企业财产损失，准予与存货损失一并在税前扣除。损失额 = 存货成本 + 不得抵扣的进项税额 − 责任人赔偿和保险赔款。

2. 存货因不可抗力损失或者发生合理损耗，对应的进项税额仍然可以抵扣，不作损失处理。

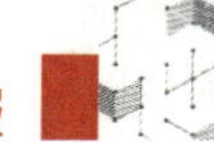

（2）以前年度资产损失的追补

1）企业发生符合规定的资产损失，应在按税法规定实际确认或者实际发生的当年申报扣除。

2）企业以前年度发生的资产损失未能在当年税前扣除的，可以按照规定，向税务机关说明并进行专项申报扣除。其中属于实际资产损失的，准予追补至该项损失发生年度扣除，其追补确认期限一般不得超过 5 年。

二、居民企业应纳税额的计算

企业所得税实行按年计征、分月（季）预缴、年终汇算清缴、多退少补的办法。企业所得税的征收方式根据不同的情形分别采取查账征收或核定征收方式。

1. 查账征收

纳税人符合下列情形的应采取查账征收方式征收企业所得税：纳税人能根据企业所得税法及有关税收法规、财务会计制度等规定设置账册，准确核算收入总额和成本费用，向税务机关提供真实、准确、完整的纳税资料并正确计算应纳税额，按规定报送纳税资料、履行纳税义务、保管账簿凭证及有关纳税资料。

（1）预缴企业所得税

企业所得税的预缴根据不同的情形可分别采取据实预缴和按照上一纳税年度应纳税所得额的平均额预缴的方式。

1）据实预缴

本月（季）应缴所得税额=实际利润累计额×税率−减免所得税额−已累计预缴的所得税额

实际利润累计额是指纳税人按会计制度核算的利润总额。平时预缴时，先按会计利润计算，暂不做纳税调整，待会计年度终了再做纳税调整。税率统一按照 25%计算。

减免所得税额是指纳税人当期实际享受的减免所得税额，包括享受减免税优惠过渡期的税收优惠、小型微利企业的税率优惠、高新技术企业的税率优惠及经税务机关审批或备案的其他减免税优惠。

2）按照上一纳税年度应纳税所得额的平均额预缴

本月（季）应缴所得税额=上一纳税年度应纳税所得额÷12(或 4)×税率

上一纳税年度应纳税所得额中不包括纳税人的境外所得，税率统一按照 25%计算。

（2）年终汇算

企业所得税纳税人在分月（季）预缴的基础上，实行年终汇算清缴、多退少补的办法。计算公式如下：

实际应纳税额=应纳税所得额×税率−减免税额−抵免税额+境外所得应纳税额−境外所得抵免税额

本年应补（退）的税额=实际应纳税额-本年累计实际已预缴的税额

税率统一按照25%计算。

1）减免税额。减免税额是指依照企业所得税法和国务院的税收优惠规定减征、免征的应纳税额。减免税额主要有小型微利企业的减征税额、高新技术企业的减征税额、民族自治地方企业的减征税额及其他专项优惠减征税额。

2）抵免税额。企业购置并实际使用规定的环境保护、节能节水、安全生产等专用设备的，该专用设备的投资额的10%可以从企业当年的应纳税额中抵免；当年不足抵免的，可以在以后5个纳税年度结转抵免。

享受上述规定的企业所得税优惠的企业，应当实际购置并自身实际投入使用上述规定的专用设备；企业购置上述专用设备在5年内转让、出租的，应当停止享受企业所得税优惠，并补缴已经抵免的企业所得税税款。

3）境外所得已纳税额的抵免。企业所得税法规定，纳税人来源于中国境外的所得，已在境外缴纳的所得税税款，准予在汇总纳税时，从其应纳税额中抵免，抵免限额为其境外所得依照中国税法规定计算的应纳税额。超过抵免限额的部分，可以在以后5个年度内，用每年抵免限额抵免当年应抵税额后的余额进行抵补。

①企业取得的下列所得已在境外缴纳的所得税税额，可以从其当期应纳税额中抵免：

a. 居民企业来源于中国境外的应税所得；

b. 非居民企业在中国境内设立机构、场所，取得发生在中国境外但与该机构、场所有实际联系的应税所得。

②其计算步骤如下：

境外所得应纳税额=（境外所得换算成含税收入的所得-弥补以前年度境外亏损-境外免税所得-境外所得弥补境内亏损）×税率

境外所得换算成含税收入的所得=适用所在国家（地区）所得税税率的境外所得÷[1-适用所在国家（地区）所得税税率]+适用所在国家（地区）预提所得税率的境外所得÷[1-适用所在国家（地区）预提所得税率]

境外所得抵免限额=境内、境外所得按税法规定计算的应纳税总额×（来源于某国的应纳税所得额÷中国境内、境外应纳税所得总额）

自2017年7月1日起，企业可以选择按国别（地区）分别计算［“分国（地区）不分项”］，或者不按国别（地区）汇总计算［“不分国（地区）不分项”］其来源于境外的应纳税所得额，按照规定的税率，分别计算其可抵免境外所得应纳税额和抵免限额。上述方式一经选择，5年内不得改变。

2. 核定征收

(1) 核定征收的范围

纳税人具有下列情形之一的，应采取核定征收方式征收企业所得税：

1) 依照法律、行政法规的规定可以不设置账簿的，或应当设置但未设置账簿的；

2) 只能准确核算收入总额，或收入总额能够查实，但其成本费用支出不能准确核算的；

3) 只能准确核算成本费用支出，或成本费用支出能够查实，但其收入总额不能准确核算的；

4) 虽设置账簿，但账目混乱或者成本资料、收入凭证、费用凭证残缺不全，难以查账的；

5) 发生纳税义务，未按照规定的期限办理纳税申报，经税务机关责令限期申报，逾期仍不申报的；

6) 申报的计税依据明显偏低，又无正当理由的。

(2) 核定征收的办法

核定征收方式包括定额征收和核定应税所得率征收两种方法。

1) 定额征收。定额征收是税务机关按照一定的标准、程序和方法，直接核定纳税人年度应纳所得税额，由纳税人按规定申报缴纳的办法。主管税务机关应按年从高直接核定纳税人的应纳所得税额。

2) 核定应税所得率征收。核定应税所得率征收是税务机关按照一定的标准、程序和方法，预先核定纳税人的应税所得率，由纳税人根据纳税年度内的收入总额或成本费用等项目的实际发生额，按预先核定的应税所得率计算缴纳企业所得税的办法。

应税所得额的计算公式如下：

应纳所得税税额=应税所得额×适用税率

应税所得额=应税收入额×应税所得率

或=成本费用支出额÷(1-应税所得率)×应税所得率

应税收入额=收入总额-不征税收入-免税收入

应税所得率统一执行标准见表5-2。

表5-2　应税所得率标准

行业	应税所得率
农、林、牧、渔业	3%~10%
制造业	5%~15%
批发和零售贸易业	4%~15%

续表

行业	应税所得率
交通运输业	7%～15%
建筑业	8%～20%
饮食业	8%～25%
娱乐业	15%～30%
其他行业	10%～30%

【例 5-14】山东华丰有限责任公司 2021 年度自行申报收入为 100 万元，成本费用为 88 万元，该行业的应税所得率为 12%，如果经税务机关审查，认为其收入准确，成本费用无法查实，该公司当年应纳税所得额应如何计算？如果经税务机关审查，认为其成本费用准确，收入无法查实，则该公司当年应纳税所得额又应如何计算？

【解析】如果经税务机关审查，认为其收入准确，成本费用无法查实，则该企业应纳税所得额＝应税收入额×应税所得率＝100×12%＝12（万元）；

如果经税务机关审查，认为其成本费用准确，收入无法查实，则该企业当年应纳税所得额＝成本费用支出额÷(1−应税所得率)×应税所得率＝88÷(1−12%)×12%＝12（万元）

三、非居民企业应纳税额的计算

非居民企业在中国境内未设立机构、场所的，或者虽设立机构、场所但取得的所得与其所设机构、场所没有实际联系的，应当就其来源于中国境内的所得缴纳企业所得税，适用税率为 20%减按 10%税率征收。

1. 非居民企业的应纳税所得额的确定

对非居民企业取得的来源于中国境内的所得，按照下列方法计算其应纳税所得额：

（1）股息、红利等权益性投资收益和利息、租金、特许权使用费所得，以收入全额为应纳税所得额。

（2）转让财产所得，以收入全额减除财产净值后的余额为应纳税所得额。财产净值，是指有关资产、财产的计税基础减除已经按照规定扣除的折旧、折耗、摊销、准备金等后的余额。

（3）其他所得，参照前两项规定的方法计算应纳税所得额。

2. 源泉扣缴

（1）扣缴义务人

对非居民企业在中国境内所得应缴纳的所得税，实行源泉扣缴方法，以支付人为扣

缴义务人，税款由扣缴义务人在每次支付或者到期应支付时，从支付或者到期应支付的款项中扣缴。

对非居民企业在中国境内取得工程作业和劳务所得应缴纳的所得税，税务机关可以指定工程价款或者劳务费的支付人为扣缴义务人。

（2）扣缴方法

扣缴企业所得税应纳税额的计算公式为：

扣缴企业所得税应纳税额=应纳税所得额×实际征收率

（3）扣缴管理

扣缴义务人未依法扣缴或者无法履行扣缴义务的，由纳税人在所得发生地缴纳。纳税人未依法缴纳的，税务机关可以从该纳税人在中国境内其他收入项目的支付人应付的款项中，追缴该纳税人的应纳税款。

扣缴义务人每次代扣的税款，应自代扣之日起 7 日内缴入国库，并向所在地的税务机关报送扣缴企业所得税报告表。

【任务实施】

解析：

1. 根据企业所得税法律法规相关规定，应先判断各项列支费用是否超过规定的扣除限额，未超过税法规定的扣除限额的可据实扣除，超过规定限额的需进行纳税调整。

2. 职工福利费，扣除限额=1 200×14%=168（万元），该企业实际支付 200 万元，超出限额，纳税调整增加额=200-168=32（万元）。

业务招待费，扣除限额 1=80×60%=48（万元），扣除限额 2=(4 000+200)×5‰=21（万元），超过最低限额，纳税调整增加额=80-21=59（万元）。

公益性捐赠，扣除限额=561×12%=67. 32（万元），实际通过公益性社会组织向灾区捐款 14 万元，未超过限额，可以据实扣除，不需要做纳税调整。

任务三　企业所得税的征收管理与纳税申报

【任务导入】

山东诚扬有限责任公司在山东青岛设立，实际管理机构也在青岛，2020 年度经纳税调整后需要缴纳企业所得税 165. 75 万元。那么，财务人员需要在什么时间、地点进行申报纳税呢？若该公司 2020 年出现亏损，是否还要进行纳税申报？

【相关知识】

一、企业所得税的征收管理

1. 纳税地点

企业所得税由纳税人向其所在地主管税务机关缴纳。

（1）居民企业的纳税地点

除税收法律、行政法规另有规定外，居民企业以企业登记注册地为纳税地点；但登记注册地在境外的，以实际管理机构所在地为纳税地点。

居民企业在中国境内设立不具有法人资格的营业机构的，应当汇总计算并缴纳企业所得税。除国务院另有规定外，企业之间不得合并缴纳企业所得税。

（2）非居民企业的纳税地点

非居民企业在中国境内设立机构、场所的，以机构、场所所在地为纳税地点。

非居民企业在中国境内未设立机构、场所的，或者虽设立机构、场所但取得的所得与其所设机构、场所没有实际联系的非居民企业，以扣缴义务人所在地为纳税地点。

非居民企业在中国境内设立两个或者两个以上机构、场所的，符合国务院税务主管部门规定条件的，可以选择由其主要机构、场所汇总缴纳企业所得税。

2. 纳税时间

企业所得税按纳税年度计算。

（1）纳税年度

1）纳税年度自公历 1 月 1 日起至 12 月 31 日止。

2）企业在一个纳税年度中间开业，或者终止经营活动，使该纳税年度的实际经营期不足 12 个月的，应当以其实际经营期为一个纳税年度。

3）企业依法清算时，应当以清算期间作为一个纳税年度。

（2）纳税期限

1）企业应当在月份或季度终了后 15 日内，向其所在地主管税务机关报送预缴企业所得税纳税申报表，预缴税款。

2）企业应当自年度终了之日起 5 个月内，无论盈利或亏损，均向税务机关报送年度企业所得税纳税申报表，并汇算清缴，结清应缴应退税款。

3）企业在年度中间终止经营活动的，应当自实际经营终止之日起 60 日内，向税务机关办理当期企业所得税汇算清缴。

【例 5-15】企业应当自年度终了之日起（　　）个月内，无论盈利或亏损，均应

向税务机关报送年度企业所得税纳税申报表，并汇算清缴，结清应缴应退税款。

A. 1　　B. 2　　C. 3　　D. 5

【解析】企业应当自年度终了之日起5个月内，无论盈利或亏损，均应向税务机关报送年度企业所得税纳税申报表，并汇算清缴，结清应缴应退税款。所以正确答案为D。

二、企业所得税的纳税申报

企业所得税按年计征，分月或者分季预缴，年终汇算清缴，多退少补。企业在纳税年度内无论盈利或者亏损，都应当依照规定期限，向税务机关报送预缴企业所得税纳税申报表、年度企业所得税纳税申报表、财务会计报告和税务机关规定应当报送的其他有关资料。预缴方法一经确定，该纳税年度内不得随意变更。

企业应当在办理注销登记前，就其清算所得向税务机关申报并依法缴纳企业所得税。

【任务实施】

解析：除税收法律、行政法规另有规定外，居民企业以企业登记注册地为纳税地点；但登记注册地在境外的，以实际管理机构所在地为纳税地点。所以山东诚扬有限责任公司的纳税地点是山东青岛。

企业应当自年度终了之日起5个月内，无论盈利或亏损，均应向税务机关报送年度企业所得税纳税申报表，并汇算清缴，结清应缴应退税款。所以该公司应于2021年5月31日之前，进行纳税申报，无论其是否盈利。

案例分析

山东诚扬有限责任公司在山东青岛注册成立，实际管理机构也在青岛，主要从事家用电器的生产和销售业务。企业所得税税率为25%，2020年有关经营情况如下：

（1）主营业务收入为4 000万元；出租闲置设备收入200万元；营业外收入为86万元。当年营业成本为2 800万元，税金及附加为30万，财务费用为55万元，管理费用为300万元，销售费用为520万元，营业外支出为20万元。

（2）支付工资总额为1 200万元，属于合理的薪金工资支出，可以全额在税前扣除；其中实际支出200万元的职工福利费，向工会拨付20万元职工工会经费，发生96万元的职工教育经费。

（3）支付财产保险费 28 万元。

（4）财务费用中，包括向银行借入资金支付利息 20 万元，发生民间借贷利息 12 万元（本金为 100 万元，同期同类银行贷款利率为 6%，期限为 1 年）。

（5）管理费用中包括 80 万元的业务招待费。

（6）销售费用中包括广告费 200 万元，业务宣传费用 60 万元。

（7）营业外支出中包括通过公益性社会组织向灾区捐款 14 万元；缴纳税收滞纳金 5 万元。

另外，截至 2020 年末，已预缴企业所得税 100 万元。

请问：

1. 该公司的企业类型是什么？是否为我国企业所得税纳税义务人？

2. 该公司 2020 年应缴纳的企业所得税是多少？

3. 该企业的财务人员应该在什么时候进行企业所得税纳税申报，若出现亏损，是否还需要进行纳税申报？

【解析】

1. 山东诚扬有限责任公司是居民企业，负有无限的纳税义务。

2. 应纳税额的计算

（1）会计利润 = 4 000+200+86−2 800−30−55−300−520−20 = 561（万元）

（2）纳税调整情况如下：

1）工资支出，属于合理的薪金工资支出，可以全额在税前扣除，不需要进行调整。

2）“三项经费”

①职工福利费，扣除限额 = 1 200×14% = 168（万元），该企业实际支付 200 万元，超出限额，纳税调整增加额 = 200−168 = 32（万元）。

②工会经费，扣除限额 = 1 200×2% = 24（万元），该企业实际支付 20 万元，未超过限额，不需要做纳税调整。

③职工教育经费，扣除限额 = 1 200×8% = 96（万元），该企业实际支付 96 万元，未超过限额，不需要做纳税调整。

3）财产保险费，支付 28 万元财产保险费可以在税前全额扣除，不需要做纳税调整。

4）财务费用，向银行借入资金支付利息 20 万元，可以据实扣除，不需要做纳税

调整。发生民间借贷利息 12 万元，按照金融企业同期同类贷款利率计算的扣除限额＝100×6%×1＝6（万元），超出限额，纳税调整增加额＝12−6＝6（万元）。

5）业务招待费，扣除限额 1＝80×60%＝48（万元），扣除限额 2＝(4 000+200)×5‰＝21（万元），超过最低限额，纳税调整增加额＝80−21＝59（万元）。

6）广告费和业务宣传费，扣除限额＝(4 000+200)×15%＝630（万元），实际支出 260 万元，未超过限额，不需要做纳税调整。

7）公益性捐赠，扣除限额＝561×12%＝67.32（万元），实际通过公益性社会组织向灾区捐款 14 万元，未超过限额，可以据实扣除，不需要做纳税调整。

8）税收滞纳金，属于行政罚款支出，不允许在税前扣除，调增应纳税所得额 5 万元。

该公司的应纳企业所得税所得额＝561+32+6+59+5＝663（万元）

该公司的应纳企业所得税税额＝663×25%＝165.75（万元）

3. 该公司的财务人员应于 2021 年 5 月 31 日之前进行纳税申报，无论亏损还是盈利，均应该进行纳税申报。其纳税申报表见表 5-3。

表 5-3　中华人民共和国企业所得税年度纳税申报表（A 类）

类别	项　目	金　额
利润总额计算	一、营业收入（填写 A101010\101020\103000）①	4 200
	减：营业成本（填写 A102010\102020\103000）②	2 800
	减：税金及附加③	30
	减：销售费用（填写 A104000）④	520
	减：管理费用（填写 A104000）⑤	300
	减：财务费用（填写 A104000）⑥	55
	减：资产减值损失⑦	
	加：公允价值变动收益⑧	
	加：投资收益⑨	
	二、营业利润（10＝1−2−3−4−5−6−7+8+9）	495
	加：营业外收入（填写 A101010\101020\103000）⑪	86
	减：营业外支出（填写 A102010\102020\103000）⑫	20
	三、利润总额（13＝10+11−12）	561

续表

类别	项目	金额
应纳税所得额计算	减：境外所得（填写 A108010）⑭	
	加：纳税调整增加额（填写 A105000）⑮	102
	减：纳税调整减少额（填写 A105000）⑯	
	减：免税、减计收入及加计扣除（填写 A107010）⑰	
	加：境外应税所得抵减境内亏损（填写 A108000）⑱	
	四、纳税调整后所得（19=13-14+15-16-17+18）	663
	减：所得减免（填写 A107020）⑳	
	减：弥补以前年度亏损（填写 A106000）㉑	
	减：抵扣应纳税所得额（填写 A107030）㉒	
	五、应纳税所得额（23=19-20-21-22）	663
应纳税额计算	税率（25%）㉔	25%
	六、应纳所得税额（25=23×24）	165.75
	减：减免所得税额（填写 A107040）㉖	
	减：抵免所得税额（填写 A107050）㉗	
	七、应纳税额（28=25-26-27）	165.75
	加：境外所得应纳所得税额（填写 A108000）㉙	
	减：境外所得抵免所得税额（填写 A108000）㉚	
	八、实际应纳所得税额（31=28+29-30）	165.75
	减：本年累计实际已缴纳的所得税额㉜	100
	九、本年应补（退）所得税额（33=31-32）	65.75
	其中：总机构分摊本年应补（退）所得税额（填写 A109000）	
	财政集中分配本年应补（退）所得税额（填写 A109000）	
	总机构主体生产经营部门分摊本年应补（退）所得税额（填写 A109000）	

思考与练习

1. 企业所得税的纳税义务人有哪些类型？如何判断不同类型纳税人的纳税义务？
2. 我国企业所得税的税收优惠政策有哪些？
3. 企业所得税允许扣除的项目和标准是什么？
4. 简述查账征收方式下企业所得税的计算过程。
5. 简述企业所得税的纳税地点和纳税时间。

项目六
个人所得税的计算与申报

学习目标

知识目标

1. 熟悉个人所得税的概念，能正确判断个人所得税的纳税义务人、征税对象和适用的税率。

2. 掌握个人所得税征收管理的相关规定，熟悉个人所得税的纳税期限与纳税地点。

能力目标

1. 掌握个人所得税的计税依据与计算公式，能根据业务资料熟练正确地进行应纳税额的计算。

2. 能正确申报个人所得税。

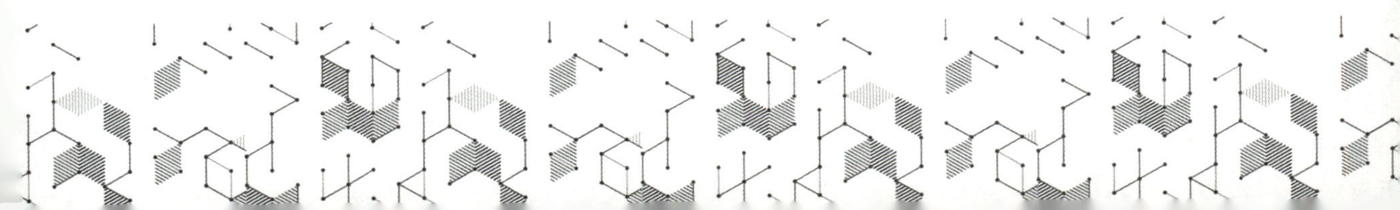

思维导图

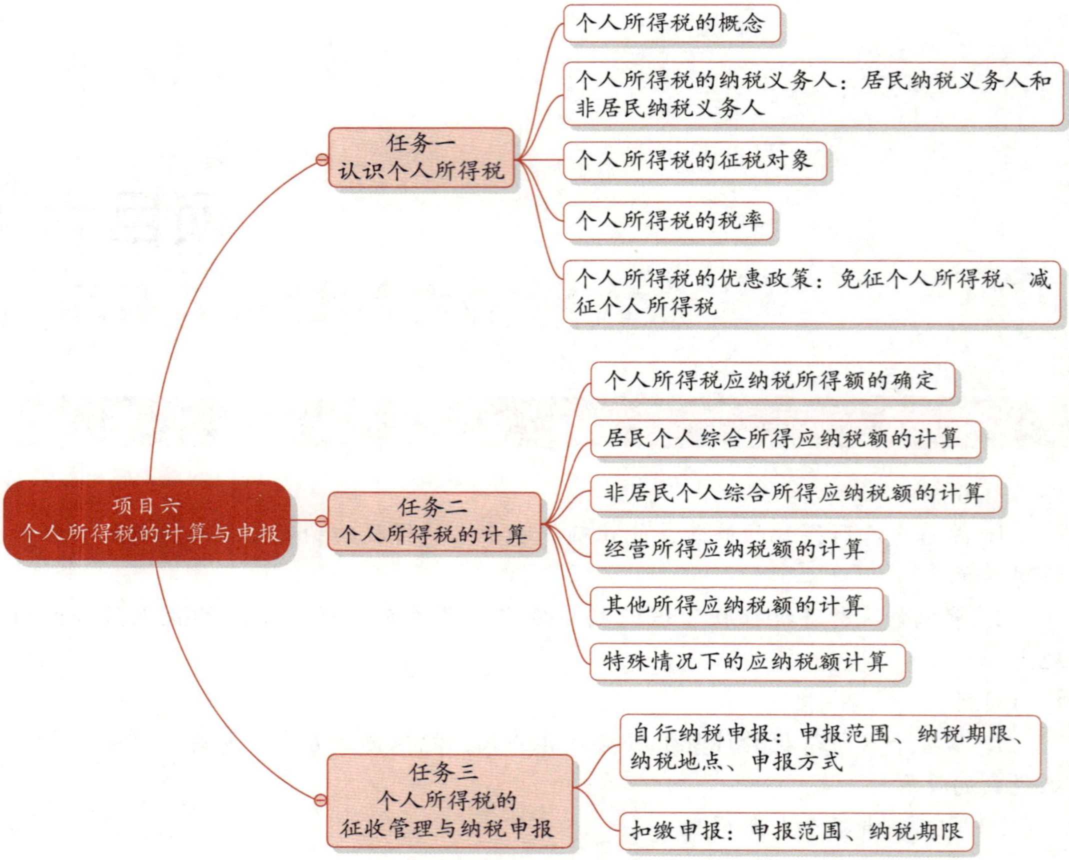

- 项目六 个人所得税的计算与申报
  - 任务一 认识个人所得税
    - 个人所得税的概念
    - 个人所得税的纳税义务人：居民纳税义务人和非居民纳税义务人
    - 个人所得税的征税对象
    - 个人所得税的税率
    - 个人所得税的优惠政策：免征个人所得税、减征个人所得税
  - 任务二 个人所得税的计算
    - 个人所得税应纳税所得额的确定
    - 居民个人综合所得应纳税额的计算
    - 非居民个人综合所得应纳税额的计算
    - 经营所得应纳税额的计算
    - 其他所得应纳税额的计算
    - 特殊情况下的应纳税额计算
  - 任务三 个人所得税的征收管理与纳税申报
    - 自行纳税申报：申报范围、纳税期限、纳税地点、申报方式
    - 扣缴申报：申报范围、纳税期限

任务一　认识个人所得税

【任务导入】

山东诚扬有限责任公司会计小许 2020 年 12 月取得以下收入项目：

（1）工资收入 10 000 元；

（2）到合作院校作增值税专题讲座，取得报酬 4 000 元；

（3）向某公司提供税务咨询，取得报酬 900 元；

（4）参与《税费计算与分析》教材编写，取得报酬 3 000 元；

（5）将 3 年前购买的公寓对外出租，取得租金收入 2 000 元；

（6）购买体育彩票，中奖 18 000 元；

（7）收到国债利息 1 600 元。

请问：

1. 以上各项收入分别属于哪些所得项目？是否都需要缴纳个人所得税？
2. 若需要缴纳个人所得税，以上各项所得适用的税率分别是多少？

【相关知识】

一、个人所得税的概念

个人所得税是以个人（自然人）取得的各项应税所得为征税对象所征收的一种税。

二、个人所得税的纳税义务人

个人所得税的纳税义务人为所得人，按照住所和居住时间两个标准，分为居民纳税义务人和非居民纳税义务人。

1. 居民纳税义务人

居民纳税义务人，又称居民个人，是指在中国境内有住所，或者无住所而一个纳税年度内在中国境内居住累计满 183 天的个人。

居民纳税义务人承担无限纳税义务，其取得的所得无论来自中国境内，还是来自境外，均应缴纳个人所得税。

小提示

在中国境内有住所，是指因户籍、家庭、经济利益关系而在中国境内习惯性居住。

2. 非居民纳税义务人

非居民纳税义务人，又称非居民个人，是指在中国境内无住所又不居住，或者无住所而一个纳税年度内在中国境内居住累计不满 183 天的个人。

非居民个人承担有限纳税义务，仅就其从中国境内取得的所得缴纳个人所得税。

知识链接

依据《中华人民共和国个人所得税法实施条例》的规定，除国务院财政、税务主管部门另有规定外，下列所得，不论支付地点是否在中国境内，均为来源于中国境内的所得：

①因任职、受雇、履约等在中国境内提供劳务取得的所得；

②将财产出租给承租人在中国境内使用而取得的所得；

③许可各种特许权在中国境内使用而取得的所得；

④转让中国境内的不动产等财产或者在中国境内转让其他财产取得的所得；

⑤从中国境内企业、事业单位、其他组织以及居民个人取得的利息、股息、红利所得。

三、个人所得税的征税对象

个人所得税的征税对象是纳税人取得的各项应税所得，具体包括下列 9 项内容。

1. 工资、薪金所得

工资、薪金所得是指个人因任职或者受雇取得的工资、薪金、奖金、年终加薪、劳动分红、津贴、补贴以及与任职或者受雇有关的其他所得。

2. 劳务报酬所得

劳务报酬所得是指个人从事劳务取得的所得，包括从事设计、装潢、安装、制图、化验、测试、医疗、法律、会计、咨询、讲学、翻译、审稿、书画、雕刻、影视、录音、录像、演出、表演、广告、展览、技术服务、介绍服务、经纪服务、代办服务以及其他劳务取得的所得。

小提示

个人兼职取得的收入按照劳务报酬所得项目缴纳个人所得税。

3. 稿酬所得

稿酬所得是指个人因其作品以图书、报刊等形式出版、发表而取得的所得。

4. 特许权使用费所得

特许权使用费所得是指个人提供专利权、商标权、著作权、非专利技术以及其他特许权的使用权取得的所得；提供著作权的使用权取得的所得，不包括稿酬所得。

5. 经营所得

经营所得主要包括以下 4 方面内容：

（1）个体工商户从事生产、经营活动取得的所得，个人独资企业投资人、合伙企业的个人合伙人来源于境内注册的个人独资企业、合伙企业生产、经营的所得。

（2）个人依法从事办学、医疗、咨询以及其他有偿服务活动取得的所得。

（3）个人对企业、事业单位承包经营、承租经营以及转包、转租取得的所得。

（4）个人从事其他生产、经营活动取得的所得。

6. 利息、股息、红利所得

利息、股息、红利所得是指个人拥有债权、股权等而取得的利息、股息、红利所得。

7. 财产租赁所得

财产租赁所得是指个人出租不动产、机器设备、车船及其他财产取得的所得。

8. 财产转让所得

财产转让所得是指个人转让有价证券、股权、合伙企业中的财产份额、不动产、机器设备、车船以及其他财产取得的所得。

9. 偶然所得

偶然所得是指个人得奖、中奖、中彩以及其他偶然性质的所得。

居民个人取得的第 1~4 项所得属于综合所得，按纳税年度合并计算个人所得税。非居民个人取得的第 1~4 项所得按月或者按次分项计算个人所得税。纳税人取得的第 5~9 项所得按照规定分别计算个人所得税。

四、个人所得税的税率

1. 综合所得的税率

综合所得适用的税率为 3%~45%的七级超额累进税率，见表 6-1。

表 6-1　个人所得税税率表一（综合所得适用）

级数	全年应纳税所得额	税率（%）	速算扣除数（元）
1	不超过 36 000 元的部分	3	0
2	超过 36 000 元至 144 000 元的部分	10	2 520
3	超过 144 000 元至 300 000 元的部分	20	16 920

续表

级数	全年应纳税所得额	税率（%）	速算扣除数（元）
4	超过 300 000 元至 420 000 元的部分	25	31 920
5	超过 420 000 元至 660 000 元的部分	30	52 920
6	超过 660 000 元至 960 000 元的部分	35	85 920
7	超过 960 000 元的部分	45	181 920

注：①本表所称全年应纳税所得额是指居民个人取得综合所得以每一个纳税年度收入额减除费用6万元以及专项扣除、专项附加扣除和依法确定的其他扣除后的余额。

②非居民个人取得工资、薪金所得，劳务报酬所得，稿酬所得和特许权使用费所得，依照本表按月换算后计算应纳税额。

2. 经营所得的税率

经营所得适用的税率为5%~35%的五级超额累进税率。税率表见表6-2。

表6-2 个人所得税税率表二（经营所得适用）

级数	全年应纳税所得额	税率（%）	速算扣除数（元）
1	不超过 30 000 元的部分	5	0
2	超过 30 000 元至 90 000 元的部分	10	1 500
3	超过 90 000 元至 300 000 元的部分	20	10 500
4	超过 300 000 元至 500 000 元的部分	30	40 500
5	超过 500 000 元的部分	35	65 500

注：本表所称全年应纳税所得额是指以每一个纳税年度的收入总额减除成本、费用以及损失后的余额。

3. 其他所得的税率

利息、股息、红利所得，财产租赁所得，财产转让所得和偶然所得，适用比例税率，税率为20%。

五、个人所得税的优惠政策

1. 免征个人所得税

根据《中华人民共和国个人所得税法》的规定，下列各项个人所得，免征个人所得税：

（1）省级人民政府、国务院部委和中国人民解放军军以上单位，以及外国组织、国际组织颁发的科学、教育、技术、文化、卫生、体育、环境保护等方面的奖金。

（2）国债和国家发行的金融债券利息。国债利息是指个人持有中华人民共和国财政部发行的债券而取得的利息。国家发行的金融债券利息是指个人持有经国务院批准发行的金融债券而取得的利息。

（3）按照国家统一规定发给的补贴、津贴。按照国家统一规定发给的补贴、津贴，

是指按照国务院规定发给的政府特殊津贴、院士津贴，以及国务院规定免予缴纳个人所得税的其他补贴、津贴。

（4）福利费、抚恤金、救济金。福利费是指根据国家有关规定，从企业、事业单位、国家机关、社会组织提留的福利费或者工会经费中支付给个人的生活补助费。救济金是指各级人民政府民政部门支付给个人的生活困难补助费。

（5）保险赔款。

（6）军人的转业费、复员费、退役金。

（7）按照国家统一规定发给干部、职工的安家费、退职费、基本养老金或者退休费、离休费、离休生活补助费。

（8）依照有关法律规定应予免税的各国驻华使馆、领事馆的外交代表、领事官员和其他人员的所得。即依照《中华人民共和国外交特权与豁免条例》和《中华人民共和国领事特权与豁免条例》规定免税的所得。

（9）中国政府参加的国际公约、签订的协议中规定免税的所得。

（10）国务院规定的其他免税所得。

知识链接

依据《中华人民共和国个人所得税法实施条例》，下列各项个人所得免予缴纳个人所得税：

1. 在中国境内无住所的个人，在中国境内居住累计满183天的年度连续不满6年的，经向主管税务机关备案，其来源于中国境外且由境外单位或者个人支付的所得。

2. 在中国境内无住所的个人，在一个纳税年度内在中国境内居住累计不超过90天的，其来源于中国境内的所得，由境外雇主支付并且不由该雇主在中国境内的机构、场所负担的部分。

2. 减征个人所得税

有下列情形之一的，可以减征个人所得税，具体幅度和期限，由省、自治区、直辖市人民政府规定，并报同级人民代表大会常务委员会备案：

（1）残疾、孤老人员和烈属的所得；

（2）因自然灾害遭受重大损失的。

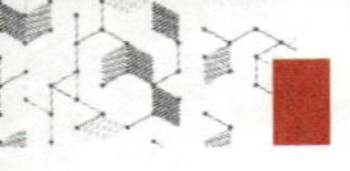

【任务实施】

解析：

1. 第1项属于工资、薪金所得，第2和第3项属于劳务报酬所得，第4和第5项分别属于稿酬所得、财产租赁所得，前5项均需缴纳个人所得税。第6项属于偶然所得，根据《财政部　国家税务总局关于个人取得体育彩票中奖所得征免个人所得税问题的通知》，对个人购买体育彩票中奖收入的所得，凡一次中奖收入不超过1万元的，暂免征收个人所得税；超过1万元的，应按税法规定全额征收个人所得税。第7项所得属于免税收入，不需要缴纳个人所得税。

2. 第1~4项所得适用3%~45%的七级超额累进税率，第5和第6项所得适用比例税率，税率为20%。

任务二　个人所得税的计算

【任务导入】

山东诚扬有限责任公司总经办秘书小夏2020年取得以下收入项目：

（1）每月工资薪金收入15 000元，五险一金合计4 500元，有一个孩子，读小学二年级，夫妻二人约定由小夏扣除子女教育项目。

（2）9月，到合作院校为商务文秘专业的学生做职业生涯规划讲座一次，取得报酬3 000元。

（3）10月，出版小说一本，取得稿酬10 000元。

（4）12月，取得年终一次性奖励48 000元。

请问：

1. 小夏2020年1—12月各月各项所得预扣预缴的税额是多少？

2. 小夏2020年度汇算清缴的税额是多少？

【相关知识】

一、个人所得税应纳税所得额的确定

个人所得税的计税依据是纳税人取得的应纳税所得额。应纳税所得额是个人取得的各项收入减去税法规定的费用扣除金额和减免税收入后的余额。根据个人所得税的应税

项目不同，扣除费用标准也各不相同。

1. 居民个人的综合所得

居民个人的综合所得，以每一个纳税年度的收入额减除费用 60 000 元以及专项扣除、专项附加扣除、依法确定的其他扣除和公益慈善事业捐赠后的余额，为应纳税所得额。在综合所得中，劳务报酬所得、稿酬所得、特许权使用费所得以收入减除 20% 的费用后的余额为收入额。稿酬所得的收入额减按 70% 计算。即：

居民个人综合所得=工资、薪金所得+(劳务报酬所得+特许权使用费所得)×(1-20%)+稿酬所得×(1-20%)×70%

劳务报酬所得、稿酬所得、特许权使用费所得，属于一次性收入的，以取得该项收入为一次；属于同一项目连续性收入的，以一个月内取得的收入为一次。

（1）专项扣除，是指居民个人按照国家规定的范围和标准缴纳的基本养老保险、基本医疗保险、失业保险等社会保险费和住房公积金等。

（2）专项附加扣除，包括子女教育、继续教育、大病医疗、住房贷款利息或者住房租金、赡养老人等支出，具体范围、标准和实施步骤由国务院确定，并报全国人民代表大会常务委员会备案。

《个人所得税专项附加扣除暂行办法》对专项附加扣除做了明确规定，具体见表 6-3。

表 6-3　专项附加扣除项目的相关规定

<table>
<tr><th colspan="2">扣除项目</th><th>扣除标准</th><th>扣除规定</th></tr>
<tr><td colspan="2">子女教育</td><td>按照每个子女每月 1 000 元的标准定额扣除</td><td>纳税人的子女接受学前教育和学历教育的相关支出，父母可以选择由其中一方按扣除标准的 100% 扣除，也可以选择由双方分别按扣除标准的 50% 扣除，具体扣除方式在一个纳税年度内不能变更</td></tr>
<tr><td rowspan="2">继续教育</td><td>学历（学位）教育</td><td>在学历（学位）教育期间，按照每月 400 元定额扣除</td><td>①同一学历（学位）继续教育的扣除期限不能超过 48 个月；
②个人接受本科及以下学历（学位）继续教育，符合规定扣除条件的，可以选择由其父母扣除，也可以选择由本人扣除</td></tr>
<tr><td>职业资格教育</td><td>在取得相关证书的当年，按照 3 600 元定额扣除</td><td>—</td></tr>
<tr><td colspan="2">大病医疗</td><td>办理年度汇算清缴时，在 80 000 元限额内据实扣除</td><td>①扣除医保报销后个人负担累计超过 15 000 元的部分，可按标准进行扣除；
②纳税人发生的医药费用支出可以选择由本人或者其配偶扣除，未成年子女发生的医药费用支出可以选择由其父母一方扣除</td></tr>
</table>

续表

<table>
<tr><th>扣除项目</th><th colspan="2">扣除标准</th><th>扣除规定</th></tr>
<tr><td>住房贷款利息</td><td colspan="2">在实际发生贷款利息的年度，按照每月 1 000 元的标准定额扣除</td><td>①扣除期限最长不超过 240 个月；
②纳税人只能享受一次首套住房贷款的利息扣除；
③经夫妻双方约定，可以选择由其中一方扣除，具体扣除方式在一个纳税年度内不能变更</td></tr>
<tr><td rowspan="3">住房租金</td><td colspan="2">直辖市、省会（首府）城市、计划单列市以及国务院确定的其他城市：扣除标准为每月 1 500 元</td><td rowspan="3">纳税人及其配偶在一个纳税年度内不能同时分别享受住房贷款利息和住房租金专项附加扣除</td></tr>
<tr><td rowspan="2">其他城市</td><td>市辖区户籍人口超过 100 万的城市：扣除标准为每月 1 100 元</td></tr>
<tr><td>市辖区户籍人口不超过 100 万的城市：扣除标准为每月 800 元</td></tr>
<tr><td rowspan="2">赡养老人</td><td colspan="2">纳税人为独生子女：按照每月 2 000 元的标准定额扣除</td><td rowspan="2">①被赡养人是指年满 60 岁（含）的父母，以及子女均已去世的年满 60 岁的祖父母、外祖父母；
②可以由赡养人均摊或者约定分摊，也可以由被赡养人指定分摊。约定或者指定分摊的须签订书面分摊协议，指定分摊优先于约定分摊。具体分摊方式和额度在一个纳税年度内不能变更</td></tr>
<tr><td colspan="2">纳税人为非独生子女：由其与兄弟姐妹分摊每月 2 000 元的扣除额度，每人分摊的额度不能超过每月 1 000 元</td></tr>
</table>

（3）其他扣除，包括个人缴付符合国家规定的企业年金、职业年金，个人购买符合国家规定的商业健康保险、税收递延型商业养老保险的支出，以及国务院规定可以扣除的其他项目。

（4）公益慈善事业捐赠。个人将其所得对教育、扶贫、济困等公益慈善事业进行捐赠，捐赠额未超过纳税人申报的应纳税所得额 30% 的部分，可以从其应纳税所得额中扣除；国务院规定对公益慈善事业捐赠实行全额税前扣除的，从其规定。

小提示

专项扣除、专项附加扣除和依法确定的其他扣除，以居民一个纳税年度的应纳税所得额为限额；一个纳税年度扣除不完的，不结转以后年度扣除。

2. 非居民个人的综合所得

非居民个人的工资、薪金所得，以每月收入额减除费用5 000元后的余额为应纳税所得额；劳务报酬所得、稿酬所得、特许权使用费所得，以每次收入额为应纳税所得额。其中，劳务报酬所得、稿酬所得、特许权使用费所得以收入减除20%的费用后的余额为收入额。稿酬所得的收入额减按70%计算。

3. 经营所得

经营所得，以每一个纳税年度的收入总额减除成本、费用以及损失后的余额，为应纳税所得额。

成本、费用是指生产、经营活动中发生的各项直接支出和分配计入成本的间接费用以及销售费用、管理费用、财务费用。损失是指生产、经营活动中发生的固定资产和存货的盘亏、毁损、报废损失，转让财产损失，坏账损失，自然灾害等不可抗力因素造成的损失以及其他损失。

取得经营所得的个人，没有综合所得的，计算其每一个纳税年度的应纳税所得额时，应当减除费用60 000元、专项扣除、专项附加扣除以及依法确定的其他扣除。专项附加扣除在办理汇算清缴时减除。

从事生产、经营活动，未提供完整准确的纳税资料，不能正确计算应纳税所得额的，由主管税务机关核定应纳税所得额或者应纳税额。

个体工商户以业主为个人所得税纳税义务人，其生产、经营所得应按照以下规定计算并申报缴纳个人所得税：

（1）个体工商户的生产、经营所得，以每一个纳税年度的收入总额，减除成本、费用、税金、损失、其他支出以及允许弥补的以前年度亏损后的余额，为应纳税所得额。

成本是指个体工商户在生产、经营活动中发生的销售成本、销货成本、业务支出以及其他耗费。

费用是指个体工商户在生产、经营活动中发生的销售费用、管理费用和财务费用，已经计入成本的有关费用除外。

税金是指个体工商户在生产、经营活动中发生的除个人所得税和允许抵扣的增值税以外的各项税金及其附加。

损失是指个体工商户在生产、经营活动中发生的固定资产和存货的盘亏、毁损、报废损失，转让财产损失，坏账损失，自然灾害等不可抗力因素造成的损失以及其他损失。个体工商户发生的损失，减除责任人赔偿和保险赔款后的余额，参照财政部、国家税务总局有关企业资产损失税前扣除的规定扣除。个体工商户已经作为损失处理的资产，在以后纳税年度又全部收回或者部分收回时，应当计入收回当期的收入。

其他支出是指除成本、费用、税金、损失外，个体工商户在生产、经营活动中发生

的与生产经营活动有关的、合理的支出。

亏损是指个体工商户依照规定计算的应纳税所得额小于零的数额。

（2）个体工商户下列支出不得扣除：

1）个人所得税税款；

2）税收滞纳金；

3）罚金、罚款和被没收财物的损失；

4）不符合扣除规定的捐赠支出；

5）赞助支出；

6）用于个人和家庭的支出；

7）与取得生产、经营收入无关的其他支出；

8）国家税务总局规定不准扣除的支出。

小提示

个体工商户生产经营活动中，应当分别核算生产经营费用和个人、家庭费用。对于生产经营与个人、家庭生活混用难以分清的费用，其40%视为与生产经营有关费用，准予扣除。

（3）个体工商户纳税年度发生的亏损，准予向以后年度结转，用以后年度的生产经营所得弥补，但结转年限最长不得超过五年。

（4）个体工商户生产、经营所得准予扣除的项目及标准见表6-4。

表6-4　个体工商户生产、经营所得准予扣除的项目及标准

扣除项目	扣除标准
工资、薪金	实际支付给从业人员的、合理的工资、薪金支出，准予扣除； 业主的工资、薪金支出不得税前扣除
五险一金	按照规定，为其业主和从业人员缴纳的基本养老保险费、基本医疗保险费、失业保险费、生育保险费、工伤保险费和住房公积金，准予扣除； 为从业人员缴纳的补充养老保险费、补充医疗保险费，分别在不超过从业人员工资总额5%标准内的部分据实扣除；超过部分，不得扣除； 业主本人缴纳的补充养老保险费、补充医疗保险费，以当地（地级市）上年度社会平均工资的3倍为计算基数，分别在不超过该计算基数5%标准内的部分据实扣除；超过部分，不得扣除
商业保险	除另有规定之外，个体工商户业主本人或者为从业人员支付的商业保险费，不得扣除

续表

扣除项目	扣除标准
财产保险	参加财产保险，按照规定缴纳的保险费，准予扣除
借款费用	合理的不需要资本化的借款费用，准予扣除
利息支出	下列利息支出，准予扣除： ①向金融企业借款的利息支出； ②向非金融企业和个人借款的利息支出，不超过按照金融企业同期同类贷款利率计算的数额的部分
汇兑损失	在货币交易中，以及纳税年度终了时将人民币以外的货币性资产、负债按照期末即期人民币汇率中间价折算为人民币时产生的汇兑损失，除已经计入有关资产成本部分外，准予扣除
三项经费	拨缴的工会经费、实际发生的职工福利费支出、职工教育经费支出分别在工资、薪金总额的2%、14%、2.5%的标准内据实扣除； 职工教育经费的实际发生数额超出规定比例、当期不能扣除的数额，准予在以后纳税年度结转扣除
	业主本人向当地工会组织缴纳的工会经费、实际发生的职工福利费支出、职工教育经费支出，以当地（地级市）上年度社会平均工资的3倍为计算基数，在规定比例内据实扣除
业务招待费	按照实际发生额的60%扣除，但最高不得超过当年销售（营业）收入的5‰
广告费和业务宣传费	不超过当年销售（营业）收入15%的部分，可以据实扣除；超过部分，准予在以后纳税年度结转扣除
租赁费	①以经营租赁方式租入固定资产发生的租赁费支出，按照租赁期限均匀扣除； ②以融资租赁方式租入固定资产发生的租赁费支出，按照规定构成融资租入固定资产价值的部分应当提取折旧费用，分期扣除
公益捐赠	通过公益性社会团体或者县级以上人民政府及其部门，用于规定的公益事业的捐赠，捐赠额不超过其应纳税所得额30%的部分可以据实扣除； 财政部、国家税务总局规定可以全额在税前扣除的捐赠支出项目，按有关规定执行； 直接对受益人的捐赠不得扣除
其他	①代其从业人员或者他人负担的税款，不得税前扣除； ②按照规定缴纳的摊位费、行政性收费、协会会费等，按实际发生数额扣除； ③发生的合理的劳动保护支出，准予扣除； ④自申请营业执照之日起至开始生产经营之日止所发生符合规定的费用，除为取得固定资产、无形资产的支出，以及应计入资产价值的汇兑损益、利息支出外，作为开办费，可以选择在开始生产经营的当年一次性扣除，也可自生产经营月份起在不短于3年期限内摊销扣除，但一经选定，不得改变； ⑤研究开发新产品、新技术、新工艺所发生的开发费用，以及为研究开发新产品、新技术而购置单台价值在10万元以下的测试仪器和试验性装置的购置费准予直接扣除；单台价值在10万元以上（含10万元）的测试仪器和试验性装置，按固定资产管理，不得在当期直接扣除

个人独资企业以投资者为纳税义务人，合伙企业以每一个合伙人为纳税义务人。

个人独资企业和合伙企业每一个纳税年度的收入总额减除成本、费用以及损失后的余额，作为投资者个人的生产经营所得，比照个体工商户的生产经营所得，适用5%~35%的五级超额累进税率，计算征收个人所得税。

个人独资企业的投资者以全部生产经营所得为应纳税所得额；合伙企业的投资者按照合伙企业的全部生产经营所得和合伙协议约定的分配比例确定应纳税所得额，合伙协议没有约定分配比例的，以全部生产经营所得和合伙人数量平均计算每个投资者的应纳税所得额。

4. 财产租赁所得

财产租赁所得，每次收入不超过4 000元的，减除费用800元；4 000元以上的，减除20%的费用，其余额为应纳税所得额。财产租赁所得，以一个月内取得的收入为一次。

5. 财产转让所得

财产转让所得，以转让财产的收入额减除财产原值和合理费用后的余额，为应纳税所得额。

财产原值，按照下列方法确定：

（1）有价证券，为买入价以及买入时按照规定交纳的有关费用；

（2）建筑物，为建造费或者购进价格以及其他有关费用；

（3）土地使用权，为取得土地使用权所支付的金额、开发土地的费用以及其他有关费用；

（4）机器设备、车船，为购进价格、运输费、安装费以及其他有关费用。

其他财产，参照上述规定的方法确定财产原值。

纳税人未提供完整、准确的财产原值凭证，不能按照以上方法确定财产原值的，由主管税务机关核定财产原值。

合理费用，是指卖出财产时按照国家规定支付的有关税费。

6. 利息、股息、红利所得和偶然所得

利息、股息、红利所得和偶然所得，以每次收入额为应纳税所得额。利息、股息、红利所得，以支付利息、股息、红利时取得的收入为一次。偶然所得，以每次取得该项收入为一次。

二、居民个人综合所得应纳税额的计算

计算公式如下：

居民个人综合所得应纳税额=应纳税所得额×适用税率-速算扣除数

应纳税所得额=年度综合所得-基本费用（60 000元）-专项扣除-专项附加扣除-依法确定的其他扣除-公益慈善事业捐赠

1. 居民个人综合所得预扣预缴税额的计算

居民个人取得综合所得，按年计算个人所得税；有扣缴义务人的，由扣缴义务人按月或者按次预扣预缴税款。

（1）扣缴义务人向居民个人支付工资、薪金所得时，应当按照累计预扣法计算预扣税款，并按月办理全员全额扣缴申报。

累计预扣法，是指扣缴义务人在一个纳税年度内预扣预缴税款时，以纳税人在本单位截至当前月份工资、薪金所得累计收入减除累计免税收入、累计减除费用、累计专项扣除、累计专项附加扣除和累计依法确定的其他扣除后的余额为累计预扣预缴应纳税所得额，适用个人所得税预扣率表一（见表6-5），计算累计应预扣预缴税额，再减除累计减免税额和累计已预扣预缴税额，其余额为本期应预扣预缴税额。余额为负值时，暂不退税。纳税年度终了后余额仍为负值时，由纳税人通过办理综合所得年度汇算清缴，税款多退少补。计算公式如下：

本期应预扣预缴税额=（累计预扣预缴应纳税所得额×预扣率-速算扣除数）-累计减免税额-累计已预扣预缴税额

累计预扣预缴应纳税所得额=累计收入-累计免税收入-累计减除费用-累计专项扣除-累计专项附加扣除-累计依法确定的其他扣除

其中累计减除费用，按照5 000元/月乘以纳税人当年截至本月在本单位的任职受雇月份数计算。

表6-5　个人所得税预扣率表一（居民个人工资、薪金所得预扣预缴适用）

级数	累计预扣预缴应纳税所得额	预扣率（%）	速算扣除数（元）
1	不超过36 000元的部分	3	0
2	超过36 000元至144 000元的部分	10	2 520
3	超过144 000元至300 000元的部分	20	16 920
4	超过300 000元至420 000元的部分	25	31 920
5	超过420 000元至660 000元的部分	30	52 920
6	超过660 000元至960 000元的部分	35	85 920
7	超过960 000元的部分	45	181 920

知识链接

根据《国家税务总局关于进一步简便优化部分纳税人个人所得税预扣预缴方法的公告》（国家税务总局公告2020年第19号），对上一个完整纳税年度内每月均在同一单位预扣预缴工资、薪金所得个人所得税且全年工资、薪金收入不超过6万元的居民个人，扣缴义务人在预扣预缴本年度工资、薪金所得个人所得税时，累计减除费用自1月起直接按照全年6万元计算扣除。即在纳税人累计收入不超过6万元的月份，暂不预扣预缴个人所得税；在其累计收入超过6万元的当月及年内后续月份，再预扣预缴个人所得税。

【例6-1】职工小张2020年1—3月的工资、薪金所得均为12 000元。当地规定的社会保险和住房公积金的个人缴存比例为：基本养老保险8%，基本医疗保险2%，失业保险0.5%，住房公积金12%。小张2020年社会保险月缴费基数是10 000元。小张为独生子女，父母均已年过60周岁。小张正在偿还首套房贷款及利息，每月1 000元，夫妻约定由小张扣除贷款利息。1—2月累计已预扣预缴税额为105元。计算小张3月应预扣预缴的个人所得税税额。

【解析】居民个人的工资、薪金所得按照累计预扣法计算预扣税款。个人缴存的基本养老保险、基本医疗保险、失业保险和住房公积金属于专项扣除项目。住房贷款利息和赡养老人属于专项附加扣除项目。

小张1—3月的累计收入为36 000元（12 000×3），累计减除费用为15 000元（5 000×3），累计专项扣除为6 750元［10 000×(8%+2%+0.5%+12%)×3］，累计专项附加扣除为9 000元［(1 000+2 000)×3］，累计已预扣预缴税额105元。

累计预扣预缴应纳税所得额＝36 000−15 000−6 750−9 000＝5 250（元）

根据表6-5，适用税率为3%，速算扣除数为0。

3月应预扣预缴税额＝(5 250×3%−0)−0−105＝52.5（元）

（2）扣缴义务人向居民个人支付劳务报酬所得、稿酬所得、特许权使用费所得，应当按照以下方法按次或者按月预扣预缴个人所得税：

1）劳务报酬所得、稿酬所得、特许权使用费所得以收入减除费用后的余额为收入额。其中，稿酬所得的收入额减按70%计算。

2）劳务报酬所得、稿酬所得、特许权使用费所得每次收入不超过 4 000 元的，减除费用按 800 元计算；每次收入 4 000 元以上的，减除费用按 20%计算。

3）劳务报酬所得、稿酬所得、特许权使用费所得，以每次收入额为预扣预缴应纳税所得额。劳务报酬所得适用 20%～40%的超额累进预扣率，预扣率表见表 6-6。稿酬所得、特许权使用费所得适用 20%的比例预扣率。

计算公式如下：

劳务报酬所得应预扣预缴税额＝预扣预缴应纳税所得额×预扣率－速算扣除数

稿酬所得、特许权使用费所得应预扣预缴税额＝预扣预缴应纳税所得额×20%

表 6-6　个人所得税预扣率表二（居民个人劳务报酬所得预扣预缴适用）

级数	预扣预缴应纳税所得额	预扣率（%）	速算扣除数（元）
1	不超过 20 000 元的部分	20	0
2	超过 20 000 元至 50 000 元的部分	30	2 000
3	超过 50 000 元的部分	40	7 000

【例 6-2】2020 年 5 月，职工小赵为某公司提供技术服务，取得劳务报酬 6 000 元。计算小赵的这笔劳务报酬应预扣预缴的个人所得税税额。

【解析】劳务报酬所得每次收入不超过 4 000 元的，减除费用按 800 元计算；每次收入 4 000 元以上的，减除费用按 20%计算。劳务报酬所得适用 20%～40%的超额累进预扣率。

预扣预缴应纳税所得额＝6 000×(1－20%)＝4 800（元）

根据表 6-6，适用税率为 20%，速算扣除数为 0。

劳务报酬应预扣预缴税额＝4 800×20%－0＝960（元）

【例 6-3】2020 年 6 月，职工小宋将自己研发的一项专利技术使用权授予某公司使用 3 年。按照协议，当月该公司一次性支付给小宋 50 000 元的专利技术使用费。计算小宋的这笔特许权使用费应预扣预缴的个人所得税税额。

【解析】特许权使用费所得，属于一次性收入的，以取得该项收入为一次。每次收入不超过 4 000 元的，减除费用按 800 元计算；每次收入 4 000 元以上的，减除费用按 20%计算。适用 20%的比例预扣率。

特许权使用费应预扣预缴税额=50 000×(1−20%)×20%=8 000（元）

2. 居民个人综合所得应纳税额的年度汇算

年度汇算，是指居民个人将一个纳税年度内取得的工资薪金、劳务报酬、稿酬、特许权使用费等四项所得合并后按年计算全年最终应纳的个人所得税，再减去纳税年度已预缴的税款后，计算应退或者应补税额，向税务机关办理申报并进行税款结算的行为。

居民个人取得综合所得，存在以下情形的，需要在取得综合所得的次年 3 月1 日至 6 月30 日内办理年度汇算：

（1）从两处以上取得综合所得，且综合所得年收入额减除专项扣除的余额超过 60 000 元；

（2）取得劳务报酬所得、稿酬所得、特许权使用费所得中一项或者多项所得，且综合所得年收入额减除专项扣除的余额超过 60 000 元；

（3）纳税年度内预缴税额低于应纳税额；

（4）纳税人申请退税。

计算公式如下：

年度汇算应退或应补税额=全年应纳税额−全年累计预扣预缴税额

全年应纳税额=(全年综合所得−60 000−专项扣除−专项附加扣除−依法确定的其他扣除−公益慈善事业捐赠)×适用税率−速算扣除数

三、非居民个人综合所得应纳税额的计算

非居民个人取得工资薪金所得、劳务报酬所得、稿酬所得和特许权使用费所得，有扣缴义务人的，由扣缴义务人按月或者按次代扣代缴税款，不办理汇算清缴。

非居民个人取得工资薪金所得、劳务报酬所得、稿酬所得和特许权使用费所得，适用按月换算后的非居民个人月度税率表分项计算应纳税额，税率表见表 6−7。计算公式如下：

非居民个人应纳税额=应纳税所得额×适用税率−速算扣除数

表 6−7　个人所得税税率表三（月度税率表）

级数	应纳税所得额	税率（%）	速算扣除数（元）
1	不超过 3 000 元的部分	3	0
2	超过 3 000 元至 12 000 元的部分	10	210
3	超过 12 000 元至 25 000 元的部分	20	1 410
4	超过 25 000 元至 35 000 元的部分	25	2 660
5	超过 35 000 元至 55 000 元的部分	30	4 410

续表

级数	应纳税所得额	税率（%）	速算扣除数（元）
6	超过 55 000 元至 80 000 元的部分	35	7 160
7	超过 80 000 元的部分	45	15 160

【例 6-4】某非居民个人在 2020 年 7 月取得工资薪金收入 12 000 元，劳务报酬所得 5 000 元，稿酬所得 2 000 元。计算该非居民个人当月的个人所得税应纳税额。

【解析】非居民个人的工资、薪金所得，以每月收入额减除费用 5 000 元后的余额为应纳税所得额；劳务报酬所得、稿酬所得，以每次收入额为应纳税所得额。其中，劳务报酬所得、稿酬所得以收入减除 20%的费用后的余额为收入额。稿酬所得的收入额减按 70%计算。

工资薪金所得应纳税额=(12 000-5 000)×10%-210=490（元）

劳务报酬所得应纳税额=5 000×(1-20%)×10%-210=190（元）

稿酬所得应纳税额=2 000×(1-20%)×70%×3%-0=33. 6（元）

个人所得应纳税额=490+190+33. 6=713. 6（元）

四、经营所得应纳税额的计算

经营所得应纳税额=(全年收入总额-成本-费用-税金-损失-其他支出-以前年度亏损)×适用税率-速算扣除数

【例 6-5】小周为个体工商户，2020 年取得营业收入 200 万元，支出营业成本 120 万元、其他税费 5 万元、业务宣传费 6 万元、业务招待费 4 万元、其他营业费用 8 万元、员工薪酬 20 万元、社会保险费 3 万元。1—12 月已累计预缴个人所得税 4 万元。除以上生产、经营所得，小周未取得综合所得。计算小周的经营所得应缴纳的个人所得税应纳税额。

【解析】实际支付给从业人员的、合理的工资薪金支出，准予扣除；为其业主和从业人员缴纳的基本养老保险费、基本医疗保险费、失业保险费、生育保险费、工伤保险费和住房公积金，准予扣除；业务宣传费（6 万元）不超过当年营业收入 15%（200×15%=30 万元）的部分，可以据实扣除；业务招待费按照实际发生额的 60%（4×60%=2. 4 万元）扣除，但最高不得超过当年营业收入的 5‰（200×5‰=1 万元）。个人所得税税款不得扣除。

全年应纳税所得额=200-120-5-6-1-8-20-3-6=31（万元）

根据表6-2，适用税率为30%，速算扣除数为40 500元。

全年应纳税额=31×30%-4.05=5.25（万元）

应补缴税款=5.25-4=1.25（万元）

五、其他所得应纳税额的计算

1. 财产租赁所得应纳税额的计算

（1）每次（月）收入不超过4 000元的：

应纳税额=[每次（月）收入额-资产租赁过程中缴纳的税费-由纳税人负担的租赁财产实际开支的修缮费用（800元为限）-800]×20%

（2）每次（月）收入超过4 000元的：

应纳税额=[每次（月）收入额-资产租赁过程中缴纳的税费-由纳税人负担的租赁财产实际开支的修缮费用（800元为限）]×(1-20%)×20%

2. 财产转让所得应纳税额的计算

财产转让所得应纳税额=(收入总额-财产原值-合理费用)×20%

3. 利息、股息、红利所得应纳税额的计算

利息、股息、红利所得应纳税额=每次收入额×20%

4. 偶然所得应纳税额的计算

偶然所得应纳税额=每次收入额×20%

六、特殊情况下的应纳税额计算

1. 全年一次性奖金

居民个人取得全年一次性奖金，符合有关规定的，在2023年12月31日前，不并入当年综合所得，以全年一次性奖金收入除以12个月得到的数额，按照按月换算后的综合所得税率表，确定适用税率和速算扣除数，单独计算纳税。计算公式为：

应纳税额=全年一次性奖金收入×适用税率-速算扣除数

居民个人取得全年一次性奖金，也可以选择并入当年综合所得计算纳税。但自2024年1月1日起，居民个人取得全年一次性奖金，应并入当年综合所得计算缴纳个人所得税。

【例6-6】职工小黄2020年12月取得全年一次性奖金收入60 000元，不并入当

年综合所得。计算小黄该笔所得的个人所得税应纳税额。

【解析】60 000÷12=5 000（元），根据表 6-7，适用税率为 10%，速算扣除数为 210 元。

应纳税额=60 000×10%-210=5 790（元）

2. 上市公司股权激励

居民个人取得股票期权、股票增值权、限制性股票、股权奖励等股权激励（以下简称股权激励），符合规定条件的，在 2022 年 12 月 31 日前，不并入当年综合所得，全额单独适用综合所得税率表，计算纳税。计算公式为：

应纳税额=股权激励收入×适用税率-速算扣除数

居民个人一个纳税年度内取得两次以上（含两次）股权激励的，应合并计算纳税。

3. 保险营销员、证券经纪人佣金收入

保险营销员、证券经纪人取得的佣金收入，属于劳务报酬所得，以不含增值税的收入减除 20%的费用后的余额为收入额，收入额减去展业成本以及附加税费后，并入当年综合所得，计算缴纳个人所得税。保险营销员、证券经纪人展业成本按照收入额的 25%计算。

扣缴义务人向保险营销员、证券经纪人支付佣金收入时，应按照规定的累计预扣法计算预扣税款。

4. 个人领取企业年金、职业年金

个人达到国家规定的退休年龄，领取的企业年金、职业年金，符合相关规定的，不并入综合所得，全额单独计算应纳税款。其中按月领取的，适用月度税率表计算纳税；按季领取的，平均分摊计入各月，按每月领取额适用月度税率表计算纳税；按年领取的，适用综合所得税率表计算纳税。

个人因出境定居而一次性领取的年金个人账户资金，或个人死亡后，其指定的受益人或法定继承人一次性领取的年金个人账户余额，适用综合所得税率表计算纳税。对个人除上述特殊原因外一次性领取年金个人账户资金或余额的，适用月度税率表计算纳税。

5. 解除劳动关系、提前退休、内部退养的一次性补偿收入

个人与用人单位解除劳动关系取得一次性补偿收入（包括用人单位发放的经济补偿金、生活补助费和其他补助费），在当地上年职工平均工资 3 倍数额以内的部分，免征个人所得税；超过 3 倍数额的部分，不并入当年综合所得，单独适用综合所得税率表，计算纳税。

个人办理提前退休手续而取得的一次性补贴收入，应按照办理提前退休手续至法定离退休年龄之间实际年度数平均分摊，确定适用税率和速算扣除数，单独适用综合所得税率表，计算纳税。计算公式为：

应纳税额={[(一次性补贴收入÷办理提前退休手续至法定退休年龄的实际年度数)-费用扣除标准]×适用税率-速算扣除数}×办理提前退休手续至法定退休年龄的实际年度数

个人在办理内部退养手续后从原任职单位取得的一次性收入，应按办理内部退养手续后至法定离退休年龄之间的所属月份进行平均，并与领取当月的工资、薪金所得合并后减除当月费用扣除标准，以余额为基数确定适用税率，再将当月工资、薪金加上取得的一次性收入，减去费用扣除标准，按适用税率计征个人所得税。

【任务实施】

解析：

1. 小夏 2020 年 1—12 月各月各项所得应预扣预缴税额的计算

（1）小夏工资、薪金所得每月预扣预缴税额的计算

2020 年 1 月预扣预缴的税额=[(15 000-5 000-4 500-1 000)×3%-0]-0-0=135（元）

2020 年 2 月预扣预缴的税额=[(15 000×2-5 000×2-4 500×2-1 000×2)×3%-0]-0-135=135（元）

同理可计算出 2020 年 3—8 月的预扣预缴税额均为 135 元。

2020 年 9 月预扣预缴的税额=[(15 000×9-5 000×9-4 500×9-1 000×9)×10%-2 520]-0-1 080=450（元）

同理可计算出 2020 年 10—12 月的预扣预缴税额均为 450 元。

全年工资、薪金所得累计预扣预缴的税额=135×8+450×4=2 880（元）

（2）小夏劳务报酬所得预扣预缴税额的计算

讲座所得预扣预缴的税额=(3 000-800)×20%-0=440（元）

（3）小夏稿酬所得预扣预缴税额的计算

出版小说所得预扣预缴的税额=[10 000×(1-20%)×70%]×20%=1 120（元）

（4）小夏全年一次性奖金所得预扣预缴税额的计算

年终一次性奖励所得预扣预缴的税额=48 000×10%-210=4 590（元）

工资薪金所得、劳务报酬所得、稿酬所得预扣预缴税额合计=2 880+440+1 120=4 440（元）

小夏 2020 年 1—12 月各月各项所得应预扣预缴税额合计=4 440+4 590=9 030（元）

2. 小夏 2020 年汇算清缴税额的计算

（1）全年一次性奖金如若选择不并入综合所得，单独计税，则

全年综合所得应纳税所得额＝15 000×12＋3 000×（1－20%）＋10 000×（1－20%）×70%－60 000－4 500×12－1 000×12＝62 000（元）

全年综合所得应纳税额＝62 000×10%－2 520＝3 680（元）

汇算清缴应退税款＝4 440－3 680＝760（元）

年度汇算清缴后，税务机关应退给小夏税款760元。

（2）全年一次性奖金如若选择并入综合所得，不单独计税，则

全年综合所得应纳税所得额＝15 000×12＋3 000×（1－20%）＋10 000×（1－20%）×70%＋48 000－60 000－4 500×12－1 000×12＝110 000（元）

全年综合所得应纳税额＝110 000×10%－2 520＝8 480（元）

汇算清缴应退税款＝9 030－8 480＝550（元）

年度汇算清缴后，税务机关应退给小夏税款550元。

任务三　个人所得税的征收管理与纳税申报

【任务导入】

在山东诚扬有限责任公司会计小许和职工小夏的各项所得中，根据工资、薪金所得计算缴纳的个人所得税是由公司代扣代缴的，而根据劳务报酬、稿酬所得、财产租赁所得和偶然所得等计算缴纳的个人所得税则是由支付所得的单位或个人代扣代缴的。

请问：

1. 扣缴义务人代扣代缴的个人所得税需要在什么时间上缴国库呢？
2. 代扣代缴的个人所得税需要到哪里进行纳税申报呢？

【相关知识】

个人所得税的纳税申报方法主要有两种，一是自行纳税申报，二是扣缴申报。

一、自行纳税申报

1. 申报范围

有下列情形之一的，纳税人应当依法办理纳税申报：

（1）取得综合所得需要办理汇算清缴；

（2）取得应税所得没有扣缴义务人；

（3）取得应税所得，扣缴义务人未扣缴税款；

（4）取得境外所得；

（5）因移居境外注销中国户籍；

（6）非居民个人在中国境内从两处以上取得工资、薪金所得；

（7）国务院规定的其他情形。

2. 纳税期限

（1）需要办理汇算清缴的纳税人，应当在取得所得的次年 3 月 1 日至 6 月 30 日内，办理汇算清缴。

（2）纳税人取得经营所得，按年计算个人所得税，由纳税人在月度或季度终了后 15 日内办理预缴纳税申报，在取得所得的次年 3 月 31 日前办理汇算清缴。

（3）纳税人取得应税所得没有扣缴义务人的，应当在取得所得的次月 15 日内向税务机关报送纳税申报表，并缴纳税款。

（4）纳税人取得应税所得，扣缴义务人未扣缴税款的，纳税人应当在取得所得的次年 6 月 30 日前缴纳税款；税务机关通知限期缴纳的，纳税人应当按照期限缴纳税款。

（5）非居民个人取得工资、薪金所得，劳务报酬所得，稿酬所得，特许权使用费所得的，应当在取得所得的次年 6 月 30 日前办理纳税申报；非居民个人在次年 6 月 30 日前离境（临时离境除外）的，应当在离境前办理纳税申报。

（6）纳税人取得利息、股息、红利所得，财产租赁所得，财产转让所得和偶然所得的，应当在取得所得的次年 6 月 30 日前，按相关规定向主管税务机关办理纳税申报。

（7）居民个人从中国境外取得所得的，应当在取得所得的次年 3 月 1 日至 6 月 30 日内办理纳税申报。

（8）纳税人因移居境外注销中国户籍的，应当在申请注销中国户籍前办理纳税申报，进行税款清算。

（9）非居民个人在中国境内从两处以上取得工资、薪金所得的，应当在取得所得的次月 15 日内办理纳税申报。

3. 纳税地点

（1）需要办理汇算清缴的纳税人，向任职、受雇单位所在地主管税务机关办理纳税申报；纳税人有两处以上任职、受雇单位的，选择向其中一处任职、受雇单位所在地主管税务机关办理纳税申报；纳税人没有任职、受雇单位的，向户籍所在地或经常居住地主管税务机关办理纳税申报。

（2）取得经营所得的纳税人，向经营管理所在地主管税务机关办理纳税申报；从两处以上取得经营所得的，选择向其中一处经营管理所在地主管税务机关办理年度汇总申报。

（3）非居民个人取得工资、薪金所得，劳务报酬所得，稿酬所得，特许权使用费所得的，应当向扣缴义务人所在地主管税务机关办理纳税申报；有两个以上扣缴义务人均未扣缴税款的，选择向其中一处扣缴义务人所在地主管税务机关办理纳税申报。

（4）居民个人从中国境外取得所得的，向中国境内任职、受雇单位所在地主管税务机关办理纳税申报；在中国境内没有任职、受雇单位的，向户籍所在地或中国境内经常居住地主管税务机关办理纳税申报；户籍所在地与中国境内经常居住地不一致的，选择其中一地主管税务机关办理纳税申报；在中国境内没有户籍的，向中国境内经常居住地主管税务机关办理纳税申报。

（5）纳税人因移居境外注销中国户籍的，应当向户籍所在地主管税务机关办理纳税申报。

4. 申报方式

纳税人可以采用远程办税端、邮寄等方式申报，也可以直接到主管税务机关申报。

二、扣缴申报

扣缴申报，又称个人所得税全员全额扣缴申报，是指扣缴义务人应当在代扣税款的次月15日内，向主管税务机关报送其支付所得的所有个人的有关信息、支付所得数额、扣除事项和数额、扣缴税款的具体数额和总额，以及其他相关涉税信息资料。

扣缴义务人，是指向个人支付所得的单位或者个人。扣缴义务人应当依法办理全员全额扣缴申报。

1. 申报范围

实行个人所得税全员全额扣缴申报的应税所得包括：

（1）工资、薪金所得；

（2）劳务报酬所得；

（3）稿酬所得；

（4）特许权使用费所得；

（5）利息、股息、红利所得；

（6）财产租赁所得；

（7）财产转让所得；

（8）偶然所得。

2. 纳税期限

扣缴义务人每月或者每次预扣、代扣的税款，应当在次月15日内缴入国库，并向税务机关报送“个人所得税扣缴申报表”。

【任务实施】

解析：

1. 扣缴义务人应在每月或者每次预扣、代扣税款后，于次月15日内将税款上缴国库。
2. 代扣代缴的个人所得税由扣缴义务人向其主管税务机关进行纳税申报。

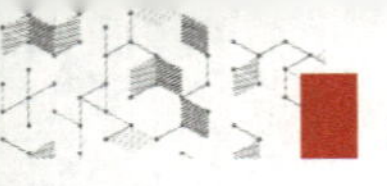

案例分析

山东诚扬有限责任公司技术部职员小王，户籍所在地为山东青岛，2020 年取得以下收入：

（1）每月基本工资 12 000 元，1 月绩效工资 2 000 元，6—8 月的绩效工资均为 1 000 元，9—12 月的绩效工资为 4 000 元，五险一金每月 2 500 元。此外，小王是独生子女，父母均已年过 60 岁；有一个儿子上小学五年级，子女教育费用由小王一方扣除。

（2）4 月，在某杂志发表论文一篇，取得报酬 1 000 元。

（3）5 月，购买体育彩票，中奖 2 000 元。

（4）7 月，向甲公司提供咨询服务一次，取得报酬 2 000 元。

（5）8 月，将自己拥有的一项专利让渡给乙公司，取得收入 30 000 元。

（6）9 月，取得企业债券利息收入 3 000 元。

（7）11 月，转让二手汽车一辆，取得转让收入 25 000 元，该汽车原值 85 000 元，转让时支付有关费用 500 元。

（8）12 月，取得年终一次性奖金 60 000 元，不并入综合所得，单独计算。

请问：

1. 小王属于居民纳税人还是非居民纳税人？

2. 小王 2020 年应缴纳的个人所得税是多少？

3. 小王应在何时办理个人所得税的申报？

【解析】

1. 小王是居民纳税人，他属于因户籍关系而在中国境内有住所的情况，符合居民纳税人的判定标准。

2. 应纳税额的计算。第一步，确定计税依据，分项计算个人所得税预扣预缴税额及应纳税额。

（1）工资、薪金所得应预扣预缴税额

1 月应预扣预缴的税额＝[（12 000+2 000−5 000−2 500−2 000−1 000）×3%−0]−0−0＝105（元）

2 月应预扣预缴的税额＝[（12 000×2+2 000−5 000×2−2 500×2−2 000×2−1 000×2）×3%−0]−0−105＝45（元）

同理，3—5 月应预扣预缴的税额为 45 元。

6 月应预扣预缴的税额 = [(12 000×6+2 000+1 000−5 000×6−2 500×6−2 000×6−1 000×6)×3%−0]−0−285 = 75（元）

同理，7—8 月应预扣预缴的税额为 75 元。

9 月应预扣预缴的税额 = [(12 000×9+2 000+1 000×3+4 000−5 000×9−2 500×9−2 000×9−1 000×9)×3%−0]−0−510 = 165（元）

同理，10—11 月应预扣预缴的税额为 165 元。

12 月应预扣预缴的税额 = [(12 000×12+2 000+1 000×3+4 000×4−5 000×12−2 500×12−2 000×12−1 000×12)×10%−2 520]−0−1 005 = 375（元）

工资、薪金所得项目 1—12 月预扣预缴税额合计 = 105+45×4+75×3+165×3+375 = 1 380（元）

全年一次性奖金应纳税额 = 60 000×10%−210 = 5 790（元）

（2）稿酬所得应扣缴税额

应扣缴税额 = (1 000−800)×70%×20% = 28（元）

（3）偶然所得应扣缴税额

本例中，体育彩票中奖所得 2 000 元不超过 10 000 元，暂免征收个人所得税。

（4）劳务报酬所得应扣缴税额

应扣缴税额 = (2 000−800)×20%−0 = 240（元）

（5）特许权使用费所得应扣缴税额

应扣缴税额 = 30 000×(1−20%)×20% = 4 800（元）

（6）利息、股息、红利所得应纳税额

应纳税额 = 3 000×20% = 600（元）

（7）财产转让所得应纳税额

二手汽车转让价格低于原值，无须缴纳个人所得税。

第二步，汇总累计已扣缴个人所得税税额，进行汇算清缴。

综合所得应纳税所得额 = 12 000×12+2 000+1 000×3+4 000×4−60 000−2 500×12−2 000×12−1 000×12+1 000×(1−20%)×70%+2 000×(1−20%)+30 000×(1−20%) = 65 160（元）

综合所得应纳税额 = 65 160×10%−2 520 = 3 996（元）

综合所得累计已预扣预缴税额 = 1 380+28+240+4 800 = 6 448（元）

综合所得年度汇算清缴后，应退税=6 448-3 996=2 452（元）

3. 小王应在 2021 年 3 月 1 日至 6 月 30 日期间办理年度汇算申报。

思考与练习

1. 个人所得税的征税对象有哪些？分别适用什么计税方法？
2. 个人所得税的税收优惠政策有哪些？
3. 个人所得税不同应税项目的计税依据应如何确定？
4. 居民个人的工资、薪金所得如何进行预扣预缴？
5. 需进行自行申报纳税的情形有哪些？

项目七
其他税种的计算与申报

学习目标

知识目标

1. 熟悉资源税、土地增值税、城镇土地使用税、耕地占用税、房产税、契税、车船税、车辆购置税、城建税、印花税等税种的概念、特点。

2. 掌握资源税、土地增值税、城镇土地使用税、耕地占用税、房产税、契税、车船税、车辆购置税、城建税、印花税等税种计税依据的确定方法。

3. 掌握资源税、土地增值税、城镇土地使用税、耕地占用税、房产税、契税、车船税、车辆购置税、城建税、印花税等税种纳税申报的相关规定。

能力目标

1. 能够正确判断企业是否承担资源税、土地增值税、城镇土地使用税、耕地占用税、房产税、契税、车船税、车辆购置税、城建税、印花税等税种的纳税义务。

2. 能根据业务资料熟练正确地进行应纳税额的计算与分析。

3. 能够根据企业业务资料规范进行相关税种的申报。

思维导图

- 项目七 其他税种的计算与申报
  - 任务一 资源税的计算与申报
    - 认识资源税：资源税的纳税人、资源税的税目与税率、税收优惠政策
    - 资源税应纳税额的计算：实行从价定率办法应纳税额的计算、实行从量定额办法应纳税额的计算、资源税应纳税额计算的特殊规定
    - 资源税纳税申报：纳税义务发生时间、纳税地点、纳税期限
  - 任务二 土地增值税的计算与申报
    - 认识土地增值税：征税范围、纳税人、税率、税收优惠政策
    - 土地增值税应纳税额的计算：计税依据、应纳税额的计算
    - 土地增值税的纳税申报：纳税地点、纳税期限、纳税申报
  - 任务三 城镇土地使用税的计算与申报
    - 认识城镇土地使用税：征税对象、纳税人、税率、税收优惠政策
    - 城镇土地使用税应纳税额的计算：计税依据、应纳税额的计算
    - 城镇土地使用税的纳税申报：纳税义务发生时间、纳税地点、纳税期限
  - 任务四 耕地占用税的计算与申报
    - 认识耕地占用税：征税范围、纳税人、税率、税收优惠政策
    - 耕地占用税应纳税额的计算
    - 耕地占用税的纳税申报：纳税义务发生时间、纳税地点、纳税期限
  - 任务五 房产税的计算与申报
    - 认识房产税：征税对象和范围、纳税人、税率、税收优惠政策
    - 房产税应纳税额的计算：从价计征、从租计征
    - 房产税的纳税申报：纳税义务发生时间、纳税地点、纳税期限
  - 任务六 契税的计算与申报
    - 认识契税：征税对象和范围、纳税人、税率、税收优惠政策
    - 契税应纳税额的计算：计税依据、应纳税额的计算
    - 契税的纳税申报：纳税义务发生时间、纳税地点、纳税期限
  - 任务七 车船税的计算与申报
    - 认识车船税：征税范围、纳税人、税率、税收优惠政策
    - 车船税应纳税额的计算：计税依据、应纳税额的计算
    - 车船税的纳税申报：纳税义务发生时间、纳税期限、纳税地点
  - 任务八 车辆购置税的计算与申报
    - 认识车辆购置税：征税范围、纳税人、税率、税收优惠政策
    - 车辆购置税应纳税额的计算：计税依据、应纳税额的计算
    - 车辆购置税的纳税申报：纳税义务发生时间、纳税地点、纳税期限
  - 任务九 城市维护建设税及教育费附加的计算与申报
    - 认识城建税：征税对象、纳税人、税率、税收优惠政策
    - 城建税应纳税额的计算：计税依据、应纳税额的计算
    - 城建税的纳税申报：纳税义务发生时间、纳税期限、纳税地点
    - 认识教育费附加
  - 任务十 印花税的计算与申报
    - 认识印花税：征税范围、纳税人、税率、税收优惠政策
    - 印花税应纳税额的计算：计税依据、应纳税额的计算
    - 印花税的纳税申报：纳税义务发生时间、纳税期限、纳税地点、纳税方法

任务一　资源税的计算与申报

【任务导入】

某油田 2020 年 10 月生产原油 5 000 吨，当月销售 3 000 吨，每吨不含税售价 6 000 元，加热、修井自用 100 吨。已知该油田原油适用的资源税税率为 8%。计算该油田 10 月应缴纳的资源税税额。

【相关知识】

对资源占用行为征税不仅为当今许多国家广泛采用，而且具有十分悠久的历史。我国对资源占用征税的历史至少可以追溯到周代，当时的“山泽之赋”就是对伐木、采矿、狩猎、捕鱼、煮盐等开发、利用自然资源的生产活动课征的赋税。此后，我国历代政府一直延续了对矿冶资源、盐业资源等自然资源开发利用课税的制度。

2019 年 8 月 26 日第十三届全国人民代表大会常务委员会第十二次会议通过《中华人民共和国资源税法》，该法自 2020 年 9 月 1 日起施行，是我国首部资源税法。

一、认识资源税

资源税是对在中华人民共和国领域和中华人民共和国管辖的其他海域开发应税资源的单位和个人征收的一种税。

1. 资源税的纳税人

资源税的纳税义务人是指在中华人民共和国领域和其管辖的其他海域开发应税资源的单位和个人。收购未税矿产品的单位为资源税的扣缴义务人。

2. 资源税的税目与税率

资源税的税目、税率，依照表 7-1 所示资源税税目税率表执行，该表中规定实行幅度税率的，其具体适用税率由省、自治区、直辖市人民政府统筹考虑该应税资源的品位、开采条件以及对生态环境的影响等情况，在所规定的税率幅度内提出，报同级人民代表大会常务委员会决定，并报全国人民代表大会常务委员会和国务院备案。

表 7-1　资源税税目税率表

税目		征税对象	税率
能源矿产	原油	原矿	6%
	天然气、页岩气、天然气水合物	原矿	6%

续表

税目			征税对象	税率
能源矿产	煤		原矿或者选矿	2%~10%
	煤成（层）气		原矿	1%~2%
	铀、钍		原矿	4%
	油页岩、油砂、天然沥青、石煤		原矿或者选矿	1%~4%
	地热		原矿	1%~20%或者每立方米1~30元
金属矿产	黑色金属	铁、锰、铬、钒、钛	原矿或者选矿	1%~9%
	有色金属	铜、铅、锌、锡、镍、锑、镁、钴、铋、汞	原矿或者选矿	2%~10%
		铝土矿	原矿或者选矿	2%~9%
		钨	选矿	6.5%
		钼	选矿	8%
		金、银	原矿或者选矿	2%~6%
		铂、钯、钌、锇、铱、铑	原矿或者选矿	5%~10%
		轻稀土	选矿	7%~12%
		中重稀土	选矿	20%
		铍、锂、锆、锶、铷、铯、铌、钽、锗、镓、铟、铊、铪、铼、镉、硒、碲	原矿或者选矿	2%~10%
非金属矿产	矿物类	高岭土	原矿或者选矿	1%~6%
		石灰岩	原矿或者选矿	1%~6%或者每吨（或者每立方米）1~10元
		磷	原矿或者选矿	3%~8%
		石墨	原矿或者选矿	3%~12%
		萤石、硫铁矿、自然硫	原矿或者选矿	1%~8%
		天然石英砂、脉石英、粉石英、水晶、工业用金刚石、冰洲石、蓝晶石、硅线石（矽线石）、长石、滑石、刚玉、菱镁矿、颜料矿物、天然碱、芒硝、钠硝石、明矾石、砷、硼、碘、溴、膨润土、硅藻土、陶瓷土、耐火黏土、铁矾土、凹凸棒石黏土、海泡石黏土、伊利石黏土、累托石黏土	原矿或者选矿	1%~12%

续表

税目			征税对象	税率
非金属矿产	矿物类	叶蜡石、硅灰石、透辉石、珍珠岩、云母、沸石、重晶石、毒重石、方解石、蛭石、透闪石、工业用电气石、白垩、石棉、蓝石棉、红柱石、石榴子石、石膏	原矿或者选矿	2%～12%
		其他黏土（铸型用黏土、砖瓦用黏土、陶粒用黏土、水泥配料用黏土、水泥配料用红土、水泥配料用黄土、水泥配料用泥岩、保温材料用黏土）	原矿或者选矿	1%～5%或者每吨（或者每立方米）0.1～5元
	岩石类	大理岩、花岗岩、白云岩、石英岩、砂岩、辉绿岩、安山岩、闪长岩、板岩、玄武岩、片麻岩、角闪岩、页岩、浮石、凝灰岩、黑曜岩、霞石正长岩、蛇纹岩、麦饭石、泥灰岩、含钾岩石、含钾砂页岩、天然油石、橄榄岩、松脂岩、粗面岩、辉长岩、辉石岩、正长岩、火山灰、火山渣、泥炭	原矿或者选矿	1%～10%
		砂石	原矿或者选矿	1%～5%或者每吨（或者每立方米）0.1～5元
	宝玉石类	宝石、玉石、宝石级金刚石、玛瑙、黄玉、碧玺	原矿或者选矿	4%～20%
水气矿产	二氧化碳气、硫化氢气、氦气、氡气		原矿	2%～5%
	矿泉水		原矿	1%～20%或者每立方米1～30元
盐	钠盐、钾盐、镁盐、锂盐		选矿	3%～15%
	天然卤水		原矿	3%～15%或者每吨（或者每立方米）1～10元
	海盐		—	2%～5%

纳税人开采或者生产不同税目应税产品的，应当分别核算不同税目应税产品的销售额或者销售数量；未分别核算或者不能准确提供不同税目应税产品的销售额或者销售数量的，从高适用税率。

3. 税收优惠政策

（1）有下列情形之一的，免征资源税：

1）开采原油以及在油田范围内运输原油过程中用于加热的原油、天然气；

2）煤炭开采企业因安全生产需要抽采的煤成（层）气；

3）纳税人开采或者生产应税产品过程中，因意外事故或者自然灾害等原因遭受重大损失的，或者纳税人开采共伴生矿、低品位矿、尾矿，由省、自治区、直辖市人民政府酌情决定减征或者免征资源税。

（2）有下列情形之一的，减征资源税：

稠油、高凝油油气田资源税减征 40%；高含硫天然气、三次采油和深水油气田资源税减征 30%；低丰度油气田资源税减征 20%；对衰竭期矿山开采的矿产品，资源税减征 30%。

纳税人的免税、减税项目，应当单独核算销售额或者销售数量；未单独核算或者不能准确提供销售额或者销售数量的，不予免税或者减税。

二、资源税应纳税额的计算

1. 实行从价定率办法应纳税额的计算

应纳税额＝销售额×比例税率

（1）销售额的确定。从价定率计算资源税的销售额为纳税人销售应税产品向购买方收取的全部价款和价外费用，但不包括收取的增值税销项税额。

纳税人以人民币以外的货币结算销售额的，应当折合成人民币计算。其销售额的人民币折合率可以选择销售额发生的当天或者当月 1 日的人民币汇率中间价。纳税人应事先确定采用何种折合率，一经确定后 1 年内不得变更。

【例 7-1】某煤矿 2020 年 10 月开采销售原煤 2 000 吨，每吨售价 5 000 元人民币，该地区适用的煤炭资源税率为 5%，计算该煤矿本月应纳的资源税税额。

【解析】资源税应纳税额＝5 000×2 000×5%＝500 000（元）。

（2）视同销售的销售额。纳税人申报的应税产品销售额明显偏低并且无正当理由的、有视同销售应税产品行为而无销售额的，除财政部、国家税务总局另有规定外，按下列顺序确定销售额：

1）按纳税人最近时期同类产品的平均销售价格确定；

2）按其他纳税人最近时期同类产品的平均销售价格确定；

3）按组成计税价格确定。组成计税价格计算公式为：

组成计税价格＝成本×(1+成本利润率)÷(1−税率)

公式中的成本是指应税产品的实际生产成本。公式中的成本利润率由省、自治区、直辖市税务机关确定。

【例7-2】某油气田开采企业2020年10月开采天然气300万立方米，开采成本为400万元，全部销售给关联企业，价格明显偏低并且无正当理由。当地无同类天然气售价，主管税务机关确定的成本利润率为10%，则该油气田企业当月应纳资源税税额是多少？（天然气资源税税率6%）

【解析】该油气田企业销售给关联企业的天然气价格明显偏低且无正当理由，而当地又无同类天然气售价，所以应该按组成计税价格计征资源税。

资源税应纳税额＝400×(1+10%)÷(1−6%)×6%≈28.085 1（万元）

2. 实行从量定额办法应纳税额的计算

应纳税额＝销售数量×适用的定额税率

所谓销售数量，包括纳税人开采或者生产应税产品的实际销售数量和视同销售的自用数量。销售数量的确定分以下几种情况：

（1）销售数量确定的一般规定

纳税人开采或者生产应税产品销售的，以实际销售数量为课税数量；

纳税人开采或者生产应税产品自用的，以自用（非生产用）数量为课税数量。

（2）销售数量确定的特殊规定

纳税人不能准确提供应税产品销售数量或移送使用数量的，以应税产品的产量或按主管税务机关确定的折算比，换算成的数量为课税数量。

3. 资源税应纳税额计算的特殊规定

（1）纳税人开采或生产应税产品自用于连续生产应税产品的，不缴纳资源税；自用于其他方面的，视同销售，依法缴纳资源税。

（2）纳税人自产自用应税产品，因无法准确提供移送使用数量而采取折算比换算课税数量办法的，具体规定如下：

1）煤炭。对于连续加工前无法正确计算原煤移送使用数量的，可按加工产品的综合回收率，将加工产品实际销量和自用量折算成原煤数量作为课税数量。

2）金属和非金属矿产品原矿。因无法准确掌握纳税人移送使用原矿数量的，可将其精矿按选矿比折算成原矿数量作为课税数量。

（3）扣缴义务人代扣代缴资源税应纳税额的计算公式为：

代扣代缴税额＝扣缴义务人收购的未税矿产品数量×适用的定额税率

三、资源税的纳税申报

1. 纳税义务发生时间

根据纳税人的生产经营、货款结算方式和资源税征收的不同情况，资源税纳税义务

的发生时间可分以下几种情况：

（1）纳税人采取分期收款结算方式销售应税产品的，其纳税义务发生时间为销售合同规定的收款日期当天。

（2）纳税人采取预收货款结算方式销售应税产品的，其纳税义务发生时间为发出应税产品的当天。

（3）纳税人采取除分期收款和预收货款以外的其他结算方式销售应税产品，其纳税义务发生时间为收讫销售款或者取得索取销售款凭证的当天。

（4）纳税人自产自用应税产品的，其纳税义务发生时间为移送使用应税产品的当天。

（5）扣缴义务人代扣代缴税款的，其纳税义务发生时间为支付货款的当天。

2. 纳税地点

（1）纳税人应纳的资源税，应当向应税产品的开采或者生产所在地主管税务机关缴纳。

（2）纳税人跨省开采资源税应税产品，其下属生产单位与核算单位不在同一省、自治区、直辖市的，对其开采的矿产品，一律在开采地纳税。

（3）扣缴义务人代扣代缴的资源税，应当向收购地主管税务机关缴纳。

3. 纳税期限

资源税按月或者按季申报缴纳；不能按固定期限计算缴纳的，可以按次申报缴纳。

纳税人按月或者按季申报缴纳的，应当自月度或者季度终了之日起 15 日内，向税务机关办理纳税申报并缴纳税款；按次申报缴纳的，应当自纳税义务发生之日起 15 日内，向税务机关办理纳税申报并缴纳税款。

【任务实施】

解析：根据资源税减免税政策规定，开采原油过程中用于加热、修井的原油，免征资源税。原油为从价定率计算资源税的应税产品，其销售额为纳税人销售应税产品向购买方收取的全部价款和价外费用，不包括收取的增值税销项税额。所以，该油田 10 月应纳资源税税额＝3 000×6 000×8%＝1 440 000（元）。

任务二　土地增值税的计算与申报

【任务导入】

某市房地产开发企业 2020 年 9 月发生以下转让房地产业务：转让 10 年前建成的旧办公楼，签订合同，取得收入 1 200 万元，该办公楼的原值为 1 000 万元，已提取折旧 600

万元。该办公楼经有关机构评估，成新度为30%，目前建造同样的办公楼需要1 500万元；转让旧办公楼时向政府补缴土地出让金80万元，交易环节支付各项税费合计80万元。

请问：

1. 该企业转让旧办公楼是否需要缴纳土地增值税？
2. 如果需要缴纳土地增值税，转让旧建筑物的土地增值税应如何计算？

【相关知识】

土地增值税是对转让国有土地使用权、地上建筑物及其附着物并取得收入的单位和个人，就其转让房地产所取得的增值额征收的一种税。

土地增值税是国家为了规范房地产市场交易秩序，合理调节土地增值收益，维护国家权益而开征的税种。利用土地增值税的税收杠杆作用可以加强对房地产市场的调控，对抑制房地产的炒作等投机行为，规范房地产市场健康、有序发展有着重要的作用。

现行土地增值税的基本规范，是1993年12月13日国务院颁布并于1994年1月1日起实施的《中华人民共和国土地增值税暂行条例》和1995年1月27日财政部制定的《中华人民共和国土地增值税暂行条例实施细则》。2019年7月，财政部、国家税务总局发布《中华人民共和国土地增值税法》（征求意见稿），土地增值税的立法工作正在稳步推进中。

一、认识土地增值税

1. 征税范围

（1）一般规定

1）土地增值税只对转让国有土地使用权的行为课税，即转让的土地使用权只能是国有土地使用权，不包括集体土地及耕地。

2）土地增值税只对发生的土地使用权、地上建筑物和其他附着物的产权转让行为征税。地上建筑物是指建于土地上的一切建筑物，包括地上地下的各种附属设施。附着物是指附着于土地上的不能移动，一经移动即遭损坏的物品。

3）土地增值税只对有偿转让、取得收入的房地产权属转让行为征税，对以继承、赠与等方式无偿转让的房地产，则不予征税。

知识链接

不征土地增值税的房地产赠与行为包括以下两种情况：

1. 房产所有人、土地使用权所有人将房屋产权、土地使用权赠与直系亲属或承担直接赡养义务人的行为。

2. 房产所有人、土地使用权所有人通过中国境内非营利的社会团体、国家机关将房屋产权、土地使用权赠与教育、民政和其他社会福利、公益事业的行为。

（2）特殊规定

1）以房地产进行投资联营。以房地产进行投资联营一方以房地产作价入股进行投资或者作为联营条件，暂免征收土地增值税。投资、联营企业将上述房地产再转让时，应征收土地增值税。

2）房地产开发企业将开发的房产转为自用或者用于出租等商业用途，如果产权没有发生转移，不征收土地增值税。

3）房地产的互换，由于发生了房产转移，因此属于土地增值税的征税范围。但是对于个人之间互换自有居住用房的行为，经过当地税务机关审核，可以免征土地增值税。

4）合作建房，对于一方出地，另一方出资金，双方合作建房，建成后按比例分房自用的，暂免征收土地增值税；但建成后转让的，应征收土地增值税。

5）房地产的出租，房地产企业虽然取得了收入，但没有发生房产产权、土地使用权的转让，因此，不属于土地增值税的征税范围。

6）房地产的抵押，这种情况下房产的产权、土地使用权在抵押期间并没有发生权属的变更，因此对房地产的抵押，在抵押期间不征收土地增值税。

7）企业兼并转让房地产。在企业兼并中，对被兼并企业将房地产转让到兼并企业中的，免征土地增值税。

8）房地产的代建行为，是指房地产开发公司代客户进行房地产开发，开发完成后向客户收取代建收入的行为。对于房地产开发公司而言，虽然取得了收入，但没有发生房地产权属的转移，其收入属于劳务收入性质，故不属土地增值税的征税范围。

9）房地产的重新评估。按照财政部门的规定，国有企业在清产核资时对房地产进行重新评估而产生的评估增值，因其既没有发生房地产权属的转移，房产产权、土地使用权人也未取得收入，所以不属于土地增值税的征税范围。

2. 纳税人

土地增值税的纳税人是在中国境内转让国有土地使用权、地上建筑物和其他附着物

产权，并取得收入的单位和个人。包括机关、团体、部队、企业事业单位、个体工商户及国内其他单位和个人，还包括外商投资企业、外国企业及外国机构、华侨及外国公民等。

3. 税率

土地增值税实行四级超率累进税率，是我国唯一采用超率累进税率进行征收的税种。土地增值税税率见表 7-2。

表 7-2　土地增值税税率

级次	增值额占扣除项目金额的比例	适用税率（%）	速算扣除系数（%）
1	50%（含）以下	30	0
2	50%~100%（含）	40	5
3	100%~200%（含）	50	15
4	200%以上	60	35

4. 税收优惠政策

（1）纳税人建造普通标准住宅出售，增值额未超过扣除项目金额 20%的，予以免税；超过 20%的，应按全部增值额缴纳土地增值税。

（2）因国家建设需要依法征用、收回的房地产，免征土地增值税。

（3）个人拥有的普通住宅，在其转让时暂免征收土地增值税；个人因工作调动或改善居住条件而转让非普通住宅，经向税务机关申报核准，凡居住满 5 年或 5 年以上的，免予征收土地增值税；居住满 3 年未满 5 年的，减半征收土地增值税；居住未满 3 年的，按规定计征土地增值税。

二、土地增值税应纳税额的计算

1. 计税依据

土地增值税的计税依据为纳税人转让房地产产权所取得的增值额，即纳税人转让房地产取得的收入额减去税法规定的准予扣除项目金额后的余额。

增值额=转让房地产取得的收入-准予扣除项目金额

（1）应税收入的确定。纳税人转让房地产取得的应税收入，包括转让房地产取得的全部价款及有关经济收益，不含随同价款收取的增值税税额。从形式看，包括货币收入、实物收入、其他收入。

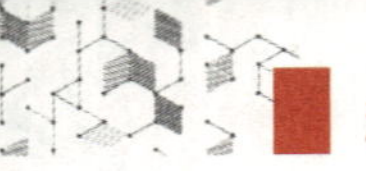

知识链接

1. 货币收入是指纳税人转让房地产取得的现金、银行存款、支票、银行本票、汇票等各种信用票据和国库券、金融债券、企业债券、股票等有价证券。

2. 实物收入是指纳税人转让房地产取得的各种实物形态的收入，如钢材、水泥等建材，房屋、土地等不动产等，实物收入的价值一般要按公允价值确认应税收入。

3. 其他收入是指纳税人转让房地产取得的无形资产收入或具有财产价值的权利，如专利权、商标权、著作权、专有技术使用权、土地使用权、商誉权等，这种类型的收入其价值需要进行专门的评估。

（2）准予扣除项目金额的确定。准予扣除项目是指在确定房地产转让的增值额和计算缴纳土地增值税时，允许从房地产转让收入总额中扣除的项目。

1）取得土地使用权所支付的金额。包括两方面内容：①纳税人为取得土地使用权支付的地价款：以出让方式取得的，以支付的土地出让金为地价款；以行政划拨方式取得的，以补交的土地出让金为地价款；以转让方式取得的，以向原土地使用权人实际支付的金额为地价款。②纳税人在取得土地使用权时按国家统一规定交纳的有关费用，如登记、过户手续费等。

2）房地产开发成本。是指纳税人房地产开发项目实际发生的成本，包括土地征用及拆迁补偿费、前期工程费、建筑安装工程费、基础设施费、公共配套设施费、开发间接费用等。

3）房地产开发费用。指与房地产开发项目有关的销售费用、管理费用和财务费用。开发费用在从转让收入中减除时，不是按实际发生金额，而是按税法规定的标准计算扣除。具体计算方法选择取决于财务费用中的利息支出。

①纳税人能够按转让房地产项目计算分摊利息支出，并能提供金融机构的贷款证明的，计算公式如下：房地产开发费用=利息+(取得土地使用权所支付的金额+房地产开发成本)×5%以内；

②纳税人不能按转让房地产项目计算分摊利息支出，或不能提供金融机构贷款证明的，计算公式如下：房地产开发费用=(取得土地使用权所支付的金额+房地产开发成本)×10%以内。

知识链接

1. 利息最高不能超过按商业银行同期同类贷款利率计算的金额。

2. 利息的上浮幅度按国家有关规定执行，超过上浮幅度的部分不允许扣除；超过贷款期限的利息部分和加罚的利息不允许扣除。

3. 房地产开发企业既向金融机构借款，又有其他借款的，其房地产开发费用计算扣除时不能同时适用上述两种办法。

4. 计算扣除的具体比例，由省、自治区、直辖市人民政府规定。

4）与转让房地产有关的税金。指在转让房地产时缴纳的城市维护建设税、印花税、教育费附加。

5）其他扣除项目。对从事房地产开发的纳税人可按取得土地使用权所支付的金额和房地产开发成本两项金额之和，加计 20% 的扣除。此规定只适用于从事房地产开发的纳税人，除此以外的其他纳税人不适用。

知识链接

自 2016 年 5 月 1 日起，转让房地产缴纳增值税，土地增值税扣除项目涉及的增值税进项税额，允许在销项税额中计算抵扣的，不计入扣除项目；不允许在销项税额中计算抵扣的，可以计入扣除项目。

6）旧房及建筑物的评估价格。转让旧房时，应按房屋及建筑物的评估价格、取得土地使用权所支付的地价款和按国家统一规定缴纳的有关费用及在转让环节缴纳的税金作为扣除项目金额计征土地增值税。对取得土地使用权时未支付地价款或不能提供已支付的地价款凭据的，在计征土地增值税时不允许扣除。

旧房及建筑物的评估价格是指在转让已使用的房屋及建筑物时，由政府批准设立的房地产评估机构评定的重置成本价乘以成新度折扣率后的价格。评估价格须经当地税务机关确认。

2. 应纳税额的计算

土地增值税应纳税额的计算步骤如下：

（1）计算增值额；

增值额=转让房地产的收入-准予扣除项目金额

（2）计算增值率；

增值率=增值额÷扣除项目金额×100%

（3）确定适用税率和速算扣除系数；

（4）计算应纳税额。

应纳税额=增值额×适用税率-扣除项目金额×速算扣除系数

【例7-3】某房地产开发公司新开发出售一幢写字楼，转让收入总额为10 000万元（不含增值税）。开发该写字楼相关支出为：支付地价款及各种费用1 000万元；房地产开发成本3 000万元；财务费用中的利息支出为500万元（可按转让项目计算分摊并提供金融机构证明），但其中有50万元属加罚的利息；转让环节缴纳的有关税费共计555万元；该公司所在地政府规定的其他房地产开发费用计算扣除比例为5%。试计算该房地产开发公司应纳的土地增值税。

【解析】转让收入为10 000万元；取得土地使用权所支付的金额为1 000万元；房地产开发成本为3 000万元；房地产开发费用=500-50+(1 000+3 000)×5%=650（万元）；允许扣除的税费为555万元；从事房地产开发的企业允许加计扣除项目金额=(1 000+3 000)×20%=800（万元）；准予扣除的项目金额=1 000+3 000+650+555+800=6 005（万元）

（1）增值额=10 000-6 005=3 995（万元）

（2）增值率=3 995÷6 005×100%≈66.53%

（3）按照土地增值税税率表可确定适用税率为40%，速算扣除系数为5%

（4）应纳税额=3 995×40%-6 005×5%=1 297.75（万元）

该房地产开发公司应缴纳的土地增值税为1 297.75万元。

三、土地增值税的纳税申报

1. 纳税地点

土地增值税的纳税人应向房地产所在地主管税务机关办理纳税申报，并在税务机关核定的期限内缴纳。房地产所在地是指房地产的坐落地。纳税人转让的房地产坐落在两个或以上地区的，应按房地产所在地分别申报纳税。

2. 纳税期限

（1）土地增值税的纳税人应在转让房地产合同签订后的7日内，到房地产所在地主管税务机关办理纳税申报。

（2）纳税人因经常发生转让房地产行为而难以在每次转让后申报的，可按月或按税务机关规定的期限申报缴纳。

（3）纳税人采取预售方式销售房地产的，对在项目全部竣工结算前转让房地产取得的收入，税务机关可以预征土地增值税，在办理纳税清算后，多退少补。

3. 纳税申报

纳税人办理纳税申报时，应先填报项目登记表、土地增值税纳税申报表，并向税务机关提交房屋及建筑物产权证，土地使用权证书，土地转让、房产买卖合同、房地产评估报告及其他与转让房地产有关的资料。

【任务实施】

解析：

1. 依据土地增值税征税范围和纳税义务人的相关规定可知，该企业转让旧办公楼需要缴纳土地增值税。

2. （1）转让旧办公楼准予扣除项目的金额＝1 500×30%＋80＋80＝610（万元）

（2）转让旧办公楼的土地增值额＝1 200－610＝590（万元）

（3）增值率＝590÷610×100%≈96. 72%

（4）根据增值率对应的级次可知其适用的税率为40%，速算扣除系数为5%，

土地增值税应纳税额＝590×40%－610×5%＝205. 5（万元）

所以，该企业本次转让房地产行为应缴纳的土地增值税税额为205. 5万元。

任务三　城镇土地使用税的计算与申报

【任务导入】

甲企业（国有企业）生产经营用地分布于A、B、C三个地域，A的土地使用权属于甲企业，面积10 000平方米，其中幼儿园占地1 000平方米，厂区绿化占地2 000平方米；B的土地使用权属甲企业与乙企业共同拥有，面积5 000平方米，实际使用面积各半；C面积3 000平方米，甲企业一直使用但土地使用权未确定。假设A、B、C三个地域的城镇土地使用税的单位税额均为每平方米5元。计算该企业的全年城镇土地使用税应纳税额。

【相关知识】

城镇土地使用税是以开征范围内的城镇土地为征税对象，以实际占用的土地面积为

计税标准，对拥有土地使用权的单位和个人征收的一种资源税。

开征城镇土地使用税，有利于通过经济手段，加强对土地的管理，变土地的无偿使用为有偿使用，促进合理、节约使用土地，提高土地使用效益；有利于适当调节不同地区、不同地段之间的级差收入，促进企业加强经济核算，理顺国家与土地使用者之间的分配关系。

一、认识城镇土地使用税

1. 征税对象

城镇土地使用税的征税对象包括在城市、县城、建制镇和工矿区内的国家所有和集体所有的土地，不包括农村集体所有的土地。

其中，城市是指经国务院批准设立的市。县城是指县人民政府所在地。建制镇是指经省、自治区、直辖市人民政府批准设立的建制镇。工矿区是指工商业比较发达，人口比较集中，符合国务院规定的建制镇标准，但尚未设立建制镇的大中型工矿企业所在地。

知识链接

1. 建立在城市、县城、建制镇和工矿区以外的工矿企业则不需缴纳城镇土地使用税。

2. 自 2009 年 1 月 1 日起，公园、名胜古迹内的索道公司经营用地，应按规定缴纳城镇土地使用税。

2. 纳税人

《中华人民共和国城镇土地使用税暂行条例》规定，在城市、县城、建制镇、工矿区范围内使用土地的单位和个人，为城镇土地使用税的纳税义务人，应当依照本条例的规定缴纳土地使用税。

（1）城镇土地使用税由拥有土地使用权的单位或者个人缴纳。

（2）拥有土地使用权的纳税人不在土地所在地的，由代管人或者实际使用人缴纳。

（3）土地使用权未确定或者权属纠纷未解决的，由实际使用人纳税。

（4）土地使用权共有的，由共有各方分别缴纳。

3. 税率

城镇土地使用税采用定额税率，即采用有幅度的差别税额，按大、中、小城市和县城、建制镇、工矿区分别规定每平方米土地使用税年应纳税额。具体标准见表 7-3。

表 7-3 城镇土地使用税税率表

级别	人口（人）	每平方米税额（元）
大城市	50 万以上	1.5~30
中等城市	20 万~50 万	1.2~24
小城市	20 万以下	0.9~18
县城、建制镇、工矿区	—	0.6~12

各省、自治区、直辖市人民政府，应当在规定的税额幅度内，根据市政建设状况、经济繁荣程度等条件，确定所辖地区的适用税额幅度。对经济落后地区，城镇土地使用税的适用税额标准可适当降低，但降低幅度不得超过上述规定最低税额的 30%；经济发达地区的适用税额标准可以适当提高，但须报财政部批准。

4. 税收优惠政策

以下用于特殊用途的土地免征城镇土地使用税：

（1）国家机关、人民团体、军队自用的土地。

（2）由国家财政部门拨付事业经费的单位自用的土地。

（3）宗教寺庙、公园、名胜古迹自用的土地。

（4）市政街道、广场、绿化地带等公共用地。

（5）直接用于农、林、牧、渔业的生产用地。

（6）经批准开山填海整治的土地和改造的废弃土地，从使用的月份起免缴城镇土地使用税 5 年至 10 年。

（7）由财政部另行规定免税的能源、交通、水利设施用地和其他用地，免征城镇土地使用税。

（8）对企业厂区以外的公共绿化用地和向社会开放的公园用地，暂免征城镇土地使用税。

（9）企业办的学校、医院、托儿所、幼儿园，其用地能与企业其他用地明确区分的，免征城镇土地使用税。

（10）对企业范围内的荒山、林地、湖泊等占地，尚未利用的，经各省、自治区、直辖市税务局审批，可暂免征城镇土地使用税。

知识链接

1. 对免税单位无偿使用纳税单位的土地，如公安、海关等单位使用铁路、民航等单位的土地，免征城镇土地使用税；对纳税单位无偿使用免税单位的土地，纳税单位应照章缴纳城镇土地使用税。

2. 房地产开发公司开发建造商品房的用地，除经批准开发建设经济适用房的用地外，对各类房地产开发用地一律不得减免城镇土地使用税。

二、城镇土地使用税应纳税额的计算

1. 计税依据

城镇土地使用税以纳税人实际占用的土地面积为计税依据，依照规定税额计算征收。土地面积计量单位为平方米。

知识链接

1. 凡由省级人民政府确定的单位组织测定土地面积的，以测定的土地面积为准。

2. 尚未组织测定，但纳税人持有政府部门核发的土地使用权证书的，以证书确定的土地面积为准。

3. 尚未核发土地使用权证书的，应当由纳税人据实申报土地面积，待核发土地使用权证书后再作调整。

土地占用面积的组织测量工作，由省、自治区、直辖市人民政府根据实际情况确定。

2. 应纳税额的计算

年应纳税额=实际占用应税土地面积（平方米）×适用税额

【例 7-4】某企业实际占地面积为 30 000 平方米，经税务机关核定，该企业所在地段适用城镇土地使用税税率为 5 元/平方米。计算该企业全年应缴纳的城镇土地使用税税额。

【解析】应缴纳的城镇土地使用税税额＝30 000×5＝150 000（元）

三、城镇土地使用税的纳税申报

1. 纳税义务发生时间

（1）纳税人购置新建商品房，自房屋交付使用之次月起缴纳城镇土地使用税。

（2）纳税人购置存量房，自办理房屋权属转移、变更登记手续，房地产权属登记机关签发房屋权属证书之次月起缴纳城镇土地使用税。

（3）纳税人出租、出借房产，自交付出租、出借房产之次月起缴纳城镇土地使用税。

（4）以出让或转让方式有偿取得土地使用权的，应由受让方从合同约定交付土地时间的次月起缴纳城镇土地使用税；合同未约定交付土地时间的，由受让方从合同签订的次月起缴纳城镇土地使用税。

（5）纳税人新征用的耕地，自批准征用之日起满 1 年时开始缴纳城镇土地使用税；纳税人新征用的非耕地，自批准征用次月起缴纳城镇土地使用税。

2. 纳税地点

城镇土地使用税在土地所在地缴纳。纳税人使用的土地不属于同一省、自治区、直辖市管辖的，由纳税人分别向土地所在地税务机关缴纳城镇土地使用税；在同一省、自治区、直辖市管辖范围内，纳税人跨地区使用的土地，其纳税地点由各省、自治区、直辖市地方税务局确定。

3. 纳税期限

城镇土地使用税按年计算、分期缴纳，具体纳税期限由省、自治区、直辖市人民政府确定。

【任务实施】

解析：根据城镇土地使用税相关条例规定，企业办的学校、医院、托儿所、幼儿园，其用地能与企业其他用地明确区分的，免征城镇土地使用税；土地使用权未确定或者权属纠纷未解决的，由实际使用人纳税；土地使用权共有的，由共有各方分别缴纳。根据以上分析可知甲企业城镇土地使用税年应纳税额＝实际占用应税土地面积（平方米）×适用税额＝(10 000−1 000+5 000÷2+3 000)×5＝72 500（元）

任务四　耕地占用税的计算与申报

【任务导入】

2020 年 1 月某企业占用耕地 18 万平方米开发建造住宅小区，所占耕地适用的定额税率为 20 元/平方米。同年 7 月该企业在同一地区占用耕地 2 万平方米配套建设学校。

请问：

1. 该企业占用耕地开发建造住宅小区及配套学校是否需要缴纳耕地占用税？
2. 如果需要缴纳耕地占用税，耕地占用税应纳税额应如何计算？

【相关知识】

耕地占用税是对占用耕地建设建筑物、构筑物或从事其他非农业建设的单位和个人，就其实际占用的耕地面积征收的一种税。我国现行耕地占用税的基本规范是2018年12月29日第十三届全国人民代表大会常务委员会第七次会议通过的《中华人民共和国耕地占用税法》，自2019年9月1日起施行。

知识链接

耕地占用税与其他税种相比，具有比较鲜明的特点，主要表现为：兼具资源税与特定行为税的性质；采用地区差别税率；在占用耕地环节一次性课征；税收收入专用于耕地开发与改良，具有“取之于地、用之于地”的补偿性特点。

一、认识耕地占用税

1. 征税范围

耕地占用税的征税范围包括纳税人为建设建筑物、构筑物或从事其他非农业建设而占用的国家所有和集体所有的耕地。

耕地是指种植农业作物的土地，也包括菜地、花圃、苗圃、茶园、果园、桑园等园地和其他种植经济林木的土地。

占用园地、林地、草地、农田水利用地、养殖水面、渔业水域滩涂以及其他农用地建设建筑物、构筑物或者从事非农业建设的，依法缴纳耕地占用税。

知识链接

占用耕地建设农田水利设施的，不缴纳耕地占用税；占用园地、林地、草地、农田水利用地、养殖水面、渔业水域滩涂以及其他农用地建设建筑物、构筑物建设直接为农业生产服务的生产设施的，不缴纳耕地占用税。

2. 纳税人

耕地占用税的纳税人，是在中国境内占用耕地建设建筑物、构筑物或从事其他非农业建设的单位和个人。

3. 税率

考虑不同地区之间客观条件的差别以及与此相关的税收调节力度和纳税人负担能力方面的差别，耕地占用税在税率设计上采用了地区差别定额税率。税率规定如下：

（1）人均耕地不超过1亩的地区（以县、自治县、不设区的市、市辖区为单位，下同），每平方米为10~50元。

（2）人均耕地超过1亩但不超过2亩的地区，每平方米为8~40元。

（3）人均耕地超过2亩但不超过3亩的地区，每平方米6~30元。

（4）人均耕地超过3亩以上的地区，每平方米5~25元。

各地区耕地占用税的适用税额，由省、自治区、直辖市人民政府根据人均耕地面积和经济发展等情况，在上述规定的税额幅度内提出，报同级人民代表大会常务委员会决定，并报全国人民代表大会常务委员会和国务院备案。各省、自治区、直辖市耕地占用税适用税额的平均水平，不得低于各省、自治区、直辖市耕地占用税平均税额表规定的平均税额。

在人均耕地低于0.5亩的地区，省、自治区、直辖市可以根据当地经济发展情况，适当提高耕地占用税的适用税额，但提高的部分不得超过税法确定的适用税额的50%。

占用基本农田的，应按税法确定的当地适用税额的150%加计征收。各省、自治区、直辖市耕地占用税平均税额详见表7-4。

表7-4　各省、自治区、直辖市耕地占用税平均税额

地区	每平方米平均税额（元）
上海	45
北京	40
天津	35
江苏、浙江、福建、广东	30
辽宁、湖北、湖南	25
河北、安徽、江西、山东、河南、重庆、四川	22.5
广西、海南、贵州、云南、陕西	20
山西、吉林、黑龙江	17.5
内蒙古、西藏、甘肃、青海、宁夏、新疆	12.5

4. 税收优惠政策

（1）下列情形免征耕地占用税：军事设施、学校、幼儿园、社会福利机构、医疗机

构占用耕地。

（2）铁路线路、公路线路、飞机场跑道、停机坪、港口、航道占用耕地，减按每平方米2元的税额征收耕地占用税。

（3）农村居民在规定占地标准以内占用耕地新建自用住宅，按照当地适用税额减半征收耕地占用税；农村居民经批准搬迁，新建住宅占用耕地不超过原住宅基地面积的部分，免征耕地占用税，超过原住宅基地面积的，对超过部分按照当地适用税额减半征收耕地占用税。

（4）农村烈士遗属、因公牺牲军人遗属、残疾军人以及符合农村最低生活保障条件的农村居民，在规定用地标准以内新建住宅免征耕地占用税。

（5）根据国民经济和社会发展的需要，国务院可以规定免征或者减征耕地占用税的其他情形，报全国人民代表大会常务委员会备案。

小提示

免征或者减征耕地占用税后，纳税人改变原占地用途，不再属于免征或者减征耕地占用税情形的，应当按照当地适用税额补缴耕地占用税。

二、耕地占用税应纳税额的计算

耕地占用税以纳税人实际占用的耕地面积为计税依据，以每平方米土地为计税单位，按适用的定额税率计税。其计算公式为：

应纳税额＝实际占用耕地面积（平方米）×适用定额税率

三、耕地占用税的纳税申报

耕地占用税由税务机关负责征收。自然资源主管部门凭耕地占用税完税凭证或者免税凭证和其他有关文件发放建设用地批准书。

1. 纳税义务发生时间

经批准占用耕地的，耕地占用税纳税义务发生时间为纳税人收到自然资源主管部门办理占用耕地手续的书面通知的当天；未经批准占用耕地的，耕地占用税纳税义务发生时间为纳税人实际占用耕地的当天。

纳税人改变原占地用途，需要补缴耕地占用税的，其纳税义务发生时间为改变用途当天，具体为：经批准改变用途的，纳税义务发生时间为纳税人收到批准文件的当天；未经批准改变用途的，纳税义务发生时间为自然资源主管部门认定纳税人改变原占地用途的当天。

2. 纳税地点

纳税人占用耕地或其他农用地，应当在耕地或其他农用地所在地申报纳税。

自然资源主管部门在通知单位或者个人办理占用耕地手续时，应当同时通知耕地所在地同级地方税务机关。

3. 纳税期限

获准占用耕地的单位或者个人应当在收到自然资源主管部门的书面通知之日起 30 日内缴纳耕地占用税。

知识链接

纳税人因建设项目施工或者地质勘察临时占用耕地，应当依照税法的规定缴纳耕地占用税。纳税人在经批准临时占用耕地期满之日起一年内依法复垦，恢复种植条件的，税务机关全额退还已经缴纳的耕地占用税。

【任务实施】

解析：该企业开发建造住宅小区属于从事非农业建设，应缴纳耕地占用税，建设配套学校占地免征耕地占用税。

应纳耕地占用税税额 = 18×20 = 360（万元）

任务五　房产税的计算与申报

【任务导入】

甲公司坐落于某城市市区，2018 年初委托施工企业建造仓库一幢，9 月末办理验收手续，仓库入账原值 400 万元。2020 年 6 月，由于业务转型，该仓库闲置，甲公司与乙公司签订租赁协议，将该仓库出租给乙公司使用，年租金 20 万元（不含增值税），于 6 月 20 日办理完交付手续，当地政府规定房产计税余值扣除比例为 30%。

请问：

1. 甲公司建造使用的仓库是否需要缴纳房产税？如需缴纳应何时开始承担房产税纳税义务？

2. 如果需要缴纳房产税，甲公司 2020 年度应缴纳的房产税税额应如何计算？

【相关知识】

房产税是对在我国境内拥有房屋产权的单位和个人，以房产为征税对象，以房产的评估价值或房产租金收入为计税依据征收的一种税。房产税的开征，有利于加强国家对房屋的监督管理，有利于贯彻执行国家的房产政策，提高房屋的使用效率，适当调节纳税人收入，并增加地方财政收入。

《中华人民共和国房产税暂行条例》（以下简称《房产税暂行条例》）是1986年9月15日由国务院颁布，并于2011年1月8日修订的。各省、自治区、直辖市人民政府根据条例规定制定了实施细则。

一、认识房产税

1. 征税对象和范围

房产税的征税对象是坐落在征税范围内的房产。所谓房产，是指有屋面和围护结构，能够遮风避雨，可供人们在其中生产、学习、工作、娱乐、居住或储藏物资的场所。

《房产税暂行条例》规定，房产税在城市、县城、建制镇和工矿区征收，不包括农村。城市、县城、建制镇、工矿区的具体征税范围，由各省、自治区、直辖市人民政府确定。

这里的城市、县城、建制镇、工矿区的定义可参见任务三城镇土地使用税的计算与申报中有关内容。开征房产税的工矿区须经省、自治区、直辖市人民政府批准。

小提示

由于房地产开发企业开发的商品房在售出前，对房地产开发企业而言是一种产品，因此，对房地产开发企业建造的商品房，在售出前不征收房产税；但对售出前房地产开发企业已使用或出租、出借的商品房应按规定征收房产税。

2. 纳税人

房产税以征税范围内房产的产权所有人为纳税人。

（1）产权属国家所有的，由经营管理单位纳税；产权属集体和个人所有的，由集体单位和个人纳税。

（2）产权出典的，由承典人纳税；产权所有人、承典人不在房屋所在地的，由房产代管人或者使用人纳税；产权未确定及租典纠纷未解决的，亦由房产代管人或者使用人纳税。

（3）纳税单位和个人无租使用房产管理部门、免税单位及纳税单位的房产，应由使用人按照房产余值代为缴纳房产税。

（4）融资租赁的房产，由承租人缴纳房产税。

3. 税率

房产税税率采用比例税率。计税依据是房产的计税余值或房产的租金收入。按照房产计税余值计征称为从价计征，按照房产租金收入计征称为从租计征。

（1）从价计征的，按照房产余值计征，年税率为1.2%。

（2）从租计征的，按房产租金收入计征，年税率为12%。

自2021年10月1日起，对企事业单位、社会团体以及其他组织向个人、专业化规模化住房租赁企业出租住房的，减按4%的税率征收房产税。

4. 税收优惠政策

（1）国家机关、人民团体、军队自用的房产免征房产税。但上述免税单位的出租房产以及非自身业务使用的生产、经营用房，不属于免税范围。

（2）由国家财政部门拨付经费的单位，其自身业务范围内自用的房产免征房产税。

（3）宗教寺庙、公园、名胜古迹自用的房产免征房产税。

（4）个人所有非营业用的房产免征房产税。

（5）企业办的各类学校、托儿所、幼儿园自用的房产，免征房产税。

（6）经营公租房的租金收入，免征房产税。

（7）经财政部和省级税务局批准免税的其他房产。例如，老年服务机构自用的房产，损坏、不堪使用的房屋和危险房屋，地下人防设施，非营利性的医疗机构、疾病控制机构和妇幼保健机构等卫生机构自用的房产，高校后勤实体等免征房产税。

知识链接

1986年施行的房产税对个人所有非营业用的房产免税，因此个人住房房产税实质上并未开征。但为了引导居民理性购房，合理调节收入分配，2011年国务院在重庆和上海实行对个人住房征收房产税改革试点，上海和重庆对个人住房试点征收房产税的具体方案有差异，但两者也有一些共同点。比如，两地房产税征税对象范围较小，上海只对新购住房征税，不涉及存量住房；而重庆只对独栋别墅、高档住房和多套房征税；税率方面，上海分为0.4%和0.6%两档，重庆分为0.5%、1%、1.2%三档。

二、房产税应纳税额的计算

1. 从价计征

对经营自用的房产，采用从价计征的计税方法，计税依据是房产的计税余值。计税余值为房产原值一次性减除10%~30%后的余值。房产原值是指纳税人“固定资产”科目中记载的房屋原价，减除比例由当地省、自治区、直辖市人民政府确定。

$$应纳税额=应税房产原值\times(1-原值减除比例)\times1.2\%$$

2. 从租计征

对于出租的房产，采用从租计征的计税方法，计税依据是房产的不含增值税的租金收入。

$$应纳税额=租金收入\times12\%$$

三、房产税的纳税申报

1. 纳税义务发生时间

（1）纳税人将原有房产用于生产经营的，从生产经营之月起缴纳房产税。

（2）纳税人自建房屋用于生产经营，自建成次月起缴纳房产税。

（3）纳税人委托施工企业建房的，从办理验收手续次月起纳税；在办理验收手续前已使用的，从使用当月起计征房产税。

（4）纳税人购置新建商品房，自房屋交付使用次月起缴纳房产税。

（5）纳税人购置存量房地产，自房产证签发次月起缴纳房产税。

（6）纳税人出租、出借房产，自交付出租、出借房产之次月起缴纳房产税。

（7）房地产开发企业自用出租、出借本企业建造的商品房，自房产使用或交付次月起缴纳房产税。

小提示

只有第一种情况是从“当月”起缴纳房产税，其余都是从“次月”起缴纳房产税。

2. 纳税地点

纳税人在房产所在地缴纳房产税。房产不在同一地方的纳税人，应按房产的坐落地点分别向房产所在地的税务机关缴纳。

3. 纳税期限

房产税实行按年计算、分期缴纳的征收方法，具体纳税期限由省、自治区、直辖市人民政府确定。

【任务实施】

解析：

1. 根据《房产税暂行条例》的规定，房产税的征税对象是坐落在城市、县城、建制镇和工矿区的房产，因此甲公司建造的仓库需要缴纳房产税。根据规定，纳税人自建房屋用于生产经营，自建成次月起缴纳房产税。甲公司于 2018 年 9 月末对该仓库办理验收手续，所以应自 2018 年 10 月起承担房产税纳税义务。

2. 该公司 2020 年 6 月之前房产为自用，应采用从价计征的计税方法，6 月之后用于出租，应自交付出租房产之次月起，即 7 月开始采用从租计征的计税方法：

1—6 月应纳房产税税额 $=400\times(1-30\%)\times1.2\%\div12\times6=1.68$（万元）

7—12 月应纳房产税税额 $=20\times12\%\div12\times6=1.2$（万元）

全年应纳房产税额 $=1.68+1.2=2.88$（万元）

任务六 契税的计算与申报

【任务导入】

甲公司 2020 年将公司拥有的一套房产过户给丁某，抵偿了所欠付的债务 300 万元；将另外一套账面价值为 400 万元的房产作价入股投入乙公司，投资协议约定作价为 500 万元，当地房屋买卖契税税率为 3%。

请问：

1. 甲公司两套房产的转让是否需要缴纳契税？应由谁进行缴纳？

2. 如果需要缴纳契税，契税应纳税额应如何计算？

【相关知识】

契税是以所有权发生转移变动的不动产为征税对象，向产权承受人征收的一种财产税。我国现行契税的基本规范是 2020 年 8 月 11 日第十三届全国人民代表大会常务委员会第二十一次会议通过，自 2021 年 9 月 1 日起施行的《中华人民共和国契税法》。

知识链接

契税起源于东晋时期的“估税”，至今已有 1 600 多年的历史。我国历代封建王朝对土地、房屋的买卖、典当等产权变动都征收契税，但税率和征收范围不完全相同。

一、认识契税

1. 征税对象和范围

契税的征税对象为发生土地使用权和房屋所有权权属转移的土地和房屋。其具体征税范围包括：

（1）土地使用权出让。国有土地使用权出让，是指土地使用者向国家交付土地使用权出让费用，国家将国有土地使用权在一定年限内让与土地使用者的行为。

（2）土地使用权转让，包括出售、赠与、互换。土地使用权转让，是指土地使用者以出售、赠与、交换或者其他方式，将土地使用权转移给其他单位和个人的行为，不包括农村集体土地承包经营权的转移。

（3）房屋买卖、赠与、互换。以土地、房屋权属作价投资、入股，以土地、房屋权属抵债，以获奖方式承受土地、房屋权属，以预购方式或者预付集资建房款方式承受土地、房屋权属，依照规定视同买卖房屋征税。

2. 纳税人

在我国境内转移土地、房屋权属，承受的单位和个人为契税的纳税人。

3. 税率

契税实行幅度比例税率，税率幅度为3%~5%。契税的具体适用税率，由省、自治区、直辖市人民政府在规定的税率幅度内提出，报同级人民代表大会常务委员会决定，并报全国人民代表大会常务委员会和国务院备案。

4. 税收优惠政策

（1）有下列情形之一的，免征契税：

1）国家机关、事业单位、社会团体、军事单位承受土地、房屋权属用于办公、教学、医疗、科研和军事设施的。

2）非营利性的学校、医疗机构、社会福利机构承受土地、房屋权属用于办公、教学、医疗、科研、养老、救助的。

3）承受荒山、荒沟、荒丘、荒滩土地使用权，用于农、林、牧、渔业生产的。

4）婚姻关系存续期间夫妻之间变更土地、房屋权属。

5）法定继承人通过继承承受土地、房屋权属。

6）依照法律规定应当予以免税的外国驻华使馆、领事馆和国际组织驻华代表机构承受土地、房屋权属。

（2）省、自治区、直辖市可以决定对下列情形免征或者减征契税：

1）因土地、房屋被县级以上人民政府征收、征用，重新承受土地、房屋权属。

2）因不可抗力灭失住房，重新承受住房权属。

知识链接

纳税人改变有关土地、房屋的用途，或者有其他不再属于规定的免征、减征契税情形的，应当缴纳已经免征、减征的税款。

二、契税应纳税额的计算

1. 计税依据

（1）土地使用权出让、出售，房屋买卖，以土地、房屋权属转移合同确定的成交价格为计税依据，包括应交付的货币以及实物、其他经济利益对应的价款。

（2）土地使用权互换、房屋互换，以所互换的土地使用权、房屋价格的差额为计税依据。

（3）土地使用权赠与、房屋赠与以及其他没有价格的转移土地、房屋权属行为，以税务机关参照土地使用权出售、房屋买卖的市场价格依法核定的价格为计税依据。

纳税人申报的成交价格、互换价格差额明显偏低且无正当理由的，由税务机关依照《中华人民共和国税收征收管理法》的规定核定。

2. 应纳税额的计算

应纳税额＝计税依据×税率

【例 7-5】居民王某 2020 年将一套市价为 100 万元的房产与张某交换，并支付给张某 15 万元差价；若当地确定的契税税率为 3%，王某应缴纳多少契税？

【解析】房屋交换的，支付补价的一方按照支付的差价纳税，王某应纳契税税额＝15×3%＝0.45（万元）。

三、契税的纳税申报

1. 纳税义务发生时间

契税的纳税义务发生时间是纳税人签订土地、房屋权属转移合同的当天，或者纳税人取得其他具有土地、房屋权属转移合同性质凭证的当天。

2. 纳税地点

契税在土地、房屋所在地的征收机关缴纳。

3. 纳税期限

纳税人应当自纳税义务发生之日起 10 日内，向土地、房屋所在地的契税征收机关办理纳税申报，并在契税征收机关核定的期限内缴纳税款。

【任务实施】

解析：

1. 以土地、房屋权属作价投资、入股；以土地、房屋权属抵债，依照规定视同买卖房屋；在中华人民共和国境内转移土地、房屋权属，承受的单位和个人为契税的纳税人。因此，甲公司两套房产的转让需要缴纳契税，应分别由承受人丁某和乙公司承担纳税义务。

2. 房屋买卖计税依据为房屋权属转移合同确定的成交价格，包括应交付的货币以及实物、其他经济利益对应的价款，因此丁某应缴纳的契税税额=300×3%=9（万元）；以土地使用权或房屋投资入股的应按照投资协议上约定的土地使用权或房屋价值为计税依据，由受让财产的企业缴纳契税，所以乙公司应缴纳的契税税额=500×3%=15（万元）。

任务七　车船税的计算与申报

【任务导入】

2020年甲公司账面登记使用的乘用车有3辆，排气量分别为1.6升、2.0升和2.8升；另有载货汽车2辆，车辆登记资料显示整备质量分别为3吨、4吨。甲公司使用的车辆均由乙保险公司承保。

请问：

1. 甲公司使用的车辆应如何申报车船税？
2. 甲公司使用的车辆车船税应纳税额应如何计算？

【相关知识】

车船税是对在我国境内按车船税法律法规规定的车辆、船舶（以下简称车船）依法征收的一种税。车船税的征收有助于为交通运输事业发展筹集财政资金，有利于运用税收经济杠杆促使纳税人加强对车船的管理与合理配置，有利于调节财富差异。

我国现行车船税的基本规范是自2012年1月1日起施行的《中华人民共和国车船税法》（以下简称《车船税法》）和《中华人民共和国车船税法实施条例》。

一、认识车船税

1. 征税范围

车船税的征税范围是指在中华人民共和国境内属于《车船税法》所附《车船税税目税额表》规定的车辆、船舶。包括依法应当在车船管理部门登记的机动车辆和船舶，以及依法不需要在车船管理部门登记、在单位内部场所行驶或者作业的机动车辆和船舶。

2. 纳税人

在中华人民共和国境内属于《车船税法》所附《车船税税目税额表》规定的车辆、船舶的所有人或者管理人，为车船税的纳税人，应当依照《车船税法》缴纳车船税。

小提示

所称“管理人”是指对车船具有管理权或使用权、不具有所有权的单位和个人。

从事机动车第三者责任强制保险业务的保险机构为机动车车船税的扣缴义务人，应当依法代收代缴车船税。

3. 税率

车船税采用定额税率，即对征税的车船规定单位固定税额。车船的适用税额，依照《车船税法》所附《车船税税目税额表》执行，具体见表7-5。

车辆的具体适用税额由省、自治区、直辖市人民政府依照《车船税税目税额表》规定的税额幅度和国务院的规定确定，并遵循以下原则：乘用车依排气量从小到大递增税额；客车按照核定载客人数20人以下和20人（含）以上两档划分，递增税额。具体适用税额须报国务院备案。

表7-5　车船税税目税额表

税目		计税单位	年基准税额	备注
乘用车［按发动机气缸容量（排气量）分档］	1.0升（含）以下	每辆	60元至360元	核定载客人数9人（含）以下
	1.0升以上至1.6升（含）		300元至540元	
	1.6升以上至2.0升（含）		360元至660元	
	2.0升以上至2.5升（含）		660元至1 200元	
	2.5升以上至3.0升（含）		1 200元至2 400元	
	3.0升以上至4.0升（含）		2 400元至3 600元	
	4.0升以上		3 600元至5 400元	
商用车	客车	每辆	480元至1 440元	核定载客人数9人以上，包括电车
	货车	整备质量每吨	16元至120元	包括半挂牵引车、三轮汽车和低速载货汽车等

续表

<table>
<tr><th colspan="3">税目</th><th>计税单位</th><th>年基准税额</th><th>备注</th></tr>
<tr><td colspan="3">挂车</td><td>整备质量每吨</td><td>按照货车税额的50%计算</td><td></td></tr>
<tr><td rowspan="2">其他车辆</td><td colspan="2">专用作业车</td><td rowspan="2">整备质量每吨</td><td>16 元至 120 元</td><td rowspan="2">不包括拖拉机</td></tr>
<tr><td colspan="2">轮式专用机械车</td><td>16 元至 120 元</td></tr>
<tr><td colspan="3">摩托车</td><td>每辆</td><td>36 元至 180 元</td><td></td></tr>
<tr><td rowspan="9">船舶</td><td rowspan="4">机动船舶</td><td>净吨位不超过 200 吨的</td><td>净吨位每吨</td><td>3 元</td><td rowspan="4">拖船、非机动驳船分别按照机动船舶税额的50%计算</td></tr>
<tr><td>净吨位超过 200 吨、不超过 2 000 吨的</td><td>净吨位每吨</td><td>4 元</td></tr>
<tr><td>净吨位超过 2 000 吨、不超过 10 000 吨的</td><td>净吨位每吨</td><td>5 元</td></tr>
<tr><td>净吨位超过 10 000 吨的</td><td>净吨位每吨</td><td>6 元</td></tr>
<tr><td rowspan="5">游艇</td><td>艇身长度不超过 10 米</td><td>艇身长度每米</td><td>600 元</td><td rowspan="5"></td></tr>
<tr><td>艇身长度超过 10 米、不超过 18 米</td><td>艇身长度每米</td><td>900 元</td></tr>
<tr><td>艇身长度超过 18 米、不超过 30 米</td><td>艇身长度每米</td><td>1 300 元</td></tr>
<tr><td>艇身长度超过 30 米</td><td>艇身长度每米</td><td>2 000 元</td></tr>
<tr><td>辅助动力帆艇</td><td>艇身长度每米</td><td>600 元</td></tr>
</table>

4. 税收优惠政策

（1）免征车船税的情形

1）捕捞、养殖渔船。

2）军队、武装警察部队专用的车船。

3）警用车船。

4）依照法律规定应当予以免税的外国驻华使领馆、国际组织驻华代表机构及其有关人员的车船。

（2）其他免税、减税规定

1）对节约能源、使用新能源的车船可以减征或者免征车船税；对受严重自然灾害影

响纳税困难以及有其他特殊原因确需减税、免税的，可以减征或者免征车船税。

2）省、自治区、直辖市人民政府根据当地实际情况，可以对公共交通车船，以及农村居民拥有并主要在农村地区使用的摩托车、三轮汽车和低速载货汽车定期减征或者免征车船税。

3）临时入境的外国车船和香港特别行政区、澳门特别行政区、台湾地区的车船，不征收车船税。

二、车船税应纳税额的计算

1. 计税依据

（1）乘用车、商用客车和摩托车，以每辆为计税依据。

（2）商用货车、专用作业车和轮式专用机械车，按整备质量每吨为计税依据。

（3）机动船舶、非机动驳船、拖船，按净吨位每吨为计税依据。

（4）游艇，按艇身长度每米为计税依据。

2. 应纳税额的计算

（1）乘用车、客车和摩托车的应纳税额=计税单位数量×适用年基准税额

（2）货车、专用作业车和轮式专用机械车的应纳税额=整备质量吨位数×适用年基准税额

（3）船舶的应纳税额=净吨位数×适用年基准税额

（4）拖船和非机动驳船的应纳税额=净吨位数×适用年基准税额×50%

（5）游艇的应纳税额=艇身长度×适用年基准税额

（6）购置的新车船，购置当年的应纳税额自纳税义务发生的当月起按月计算。计算公式为：应纳税额=(年应纳税额÷12)×应纳税月份数。

【例7-6】2020年甲物流公司拥有4辆载货汽车，其整备质量分别为3吨、4吨、5吨、2.5吨。当地车船税的年税额为：载货汽车整备质量每吨50元。试计算2020年该公司应纳车船税税额。

【解析】商用货车按整备质量每吨为计税依据，所以甲物流公司应纳车船税税额=(3+4+5+2.5)×50=725（元）。

知识链接

1. 在一个纳税年度内，纳税人在非车辆登记地由保险机构代收代缴机动车车船税，且能够提供合法有效完税证明的，纳税人不再向车辆登记地的地方税务机关缴纳车辆的车船税。

2. 已缴纳车船税的车船在同一个纳税年度内办理转让过户的，不另纳税，也不退税。

三、车船税的纳税申报

1. 纳税义务发生时间

车船税纳税义务发生时间为取得车船所有权或者管理权的当月。具体指车船管理部门核发的车船登记证书或者行驶证书所记载日期的当月。

2. 纳税期限

车船税按年申报，分月计算，一次性缴纳。纳税年度为公历 1 月 1 日至 12 月 31 日，具体纳税申报期限由省、自治区、直辖市人民政府规定。

3. 纳税地点

车船税的纳税地点为车船的登记地或者车船税扣缴义务人所在地。依法不需要办理登记的车船，车船税的纳税地点为车船的所有人或者管理人所在地。

【任务实施】

解析：

1. 依据车船税征税范围和纳税义务人的相关规定，从事机动车第三者责任强制保险业务的保险机构为机动车车船税的扣缴义务人，应当依法代收代缴车船税，因此，甲公司的车船税应由乙保险公司代收代缴。

2. 乘用车以每辆为计税依据，商用货车按整备质量每吨为计税依据，甲公司车船税应纳税额应以此为依据，按照当地规定的车辆具体适用税额进行计算。

任务八 车辆购置税的计算与申报

【任务导入】

张先生今年初将家里原来的旧车置换了一辆新车，新车在 4S 店的零售价为 226 000

元，旧车以 30 000 元的价格转让给了其朋友李某。

请问：

1. 张先生和其朋友李某是否都需要缴纳车辆购置税？

2. 若需缴纳车辆购置税，金额是多少？

【相关知识】

车辆购置税是对在我国境内购置应税车辆的单位和个人，以其应税车辆的计税价格为依据，按照规定的税率计算并一次性征收的一种税。现行车辆购置税法的基本规范，是自 2019 年 7 月 1 日起施行的《中华人民共和国车辆购置税法》。

一、认识车辆购置税

1. 征税范围

车辆购置税的征税范围包括汽车、有轨电车、汽车挂车、排气量超过 150 毫升的摩托车。

2. 纳税人

在中华人民共和国境内购置汽车、有轨电车、汽车挂车、排气量超过 150 毫升的摩托车的单位和个人，为车辆购置税的纳税人。购置是指以购买、进口、自产、受赠、获奖或者其他方式取得并自用应税车辆的行为。

3. 税率

车辆购置税的税率为 10%。车辆购置税税率的调整，由国务院决定并公布。

4. 税收优惠政策

下列车辆免征车辆购置税：

（1）依照法律规定应当予以免税的外国驻华使馆、领事馆和国际组织驻华机构及其有关人员自用的车辆。

（2）中国人民解放军和中国人民武装警察部队列入装备订货计划的车辆。

（3）悬挂应急救援专用号牌的国家综合性消防救援车辆。

（4）设有固定装置的非运输专用作业车辆。

（5）城市公交企业购置的公共汽电车辆。

国务院可以规定减征或者其他免征车辆购置税的情形，须报全国人民代表大会常务委员会备案。

二、车辆购置税应纳税额的计算

1. 计税依据

车辆购置税的计税价格根据不同情况，按照下列规定确定：

（1）纳税人购买自用应税车辆的计税价格，为纳税人实际支付给销售者的全部价款，不包括增值税税款。

（2）纳税人进口自用应税车辆的计税价格，为关税完税价格加上关税和消费税。

（3）纳税人自产自用应税车辆的计税价格，按照纳税人生产的同类应税车辆的销售价格确定，不包括增值税税款。

（4）纳税人以受赠、获奖或者其他方式取得自用应税车辆的计税价格，按照购置应税车辆时相关凭证载明的价格确定，不包括增值税税款。

（5）纳税人申报的应税车辆计税价格明显偏低，又无正当理由的，由税务机关依照《中华人民共和国税收征收管理法》的规定核定其应纳税额。

2. 应纳税额的计算

车辆购置税实行从价定率的办法计算应纳税额。应纳税额的计算公式为：

应纳税额 = 计税价格×税率

【例 7-7】李某在某汽车 4S 店购买小轿车一辆，价税合计付款 169 500 元，取得的机动车销售发票上显示销售价格为 150 000 元，增值税税率为 13%，增值税税额为 19 500 元，则李某办理车辆注册登记前应缴纳的车辆购置税是多少？

【解析】纳税人购买自用应税车辆的计税价格，为纳税人实际支付给销售者的全部价款，不包括增值税税款。

李某应缴纳的车辆购置税 = 150 000×10% = 15 000（元）。

知识链接

1. 免税、减税车辆因转让、改变用途等原因不再属于免税、减税范围的，纳税人应当在办理车辆转移登记或者变更登记前缴纳车辆购置税。计税价格以免税、减税车辆初次办理纳税申报时确定的计税价格为基准，每满一年扣减 10%。

2. 纳税人将已征车辆购置税的车辆退回车辆生产企业或者销售企业的，可以向主管税务机关申请退还车辆购置税。退税额以已缴税款为基准，自缴纳税款之日至申请退税之日，每满一年扣减 10%。

三、车辆购置税的纳税申报

车辆购置税实行一次性征收；购置已征车辆购置税的车辆，不再征收车辆购置税。

纳税人应当在向公安机关交通管理部门办理车辆注册登记前，缴纳车辆购置税。

1. 纳税义务发生时间

车辆购置税的纳税义务发生时间为纳税人购置应税车辆的当天。

2. 纳税地点

纳税人购置应税车辆，应当向车辆登记注册地的主管税务机关申报纳税；购置不需要办理车辆登记注册手续的应税车辆，应当向纳税人所在地的主管税务机关申报纳税。

3. 纳税期限

纳税人应当自纳税义务发生之日起 60 日内申报缴纳车辆购置税。

【任务实施】

解析：

1. 依据车辆购置税法的征税范围和纳税义务人的规定，张先生购置的汽车需要缴纳车辆购置税；车辆购置税实行一次性征收，购置已征车辆购置税的车辆，不再征收车辆购置税，所以李某购置的旧车无须缴纳车辆购置税。

2. 纳税人购买自用应税车辆的计税价格，为纳税人实际支付给销售者的全部价款，不包括增值税税款。张先生在 4S 店购买的新车零售价 226 000 元是包含了增值税的价税合计款项，所以应先还原为不含增值税的价款，再计算车辆购置税。

张先生应纳车辆购置税税额 = 226 000÷(1+13%)×10% = 20 000（元）

任务九　城市维护建设税及教育费附加的计算与申报

【任务导入】

某商贸公司为增值税一般纳税人（位于市区），主要经营日韩高档化妆品进口经销业务。2020 年 11 月该公司进口货物向海关申报缴纳增值税 150 万元、消费税 180 万元，在国内销售化妆品实际缴纳增值税 30 万元。计算该公司本月应纳城市维护建设税及教育费附加的金额。

【相关知识】

城市维护建设税，简称城建税，是对缴纳增值税、消费税的单位和个人以其实际缴纳的增值税、消费税税额为计税依据而征收的一种税。城建税是国家为加强城市的维护建设，扩大和稳定城市维护建设资金来源而征收的一种税。城建税专款专用，所筹资金

用来保证城市的公共事业和公共设施的维护和建设，是一种特定目的税，具有附加税的性质。

现行城建税的基本规范是2020年8月11日第十三届全国人民代表大会常务委员会第二十一次会议通过并自2021年9月1日起开始施行的《中华人民共和国城市维护建设税法》。

一、认识城建税

1. 征税对象

城建税是一种附加税，附加于纳税人实际缴纳的增值税、消费税税额，本身并没有特定的、独立的课税对象。

2. 纳税人

在中华人民共和国境内缴纳增值税、消费税的单位和个人，为城市维护建设税的纳税人。

城建税的扣缴义务人为负有增值税、消费税扣缴义务的单位和个人，在扣缴增值税、消费税的同时扣缴城建税。

3. 税率

城建税税率实行分区域的差别比例税率，即按纳税人所在城市、县城或镇等不同的行政区域分别规定不同的比例税率。具体规定为：

（1）纳税人所在地在市区的，税率为7%。

（2）纳税人所在地在县城、镇的，税率为5%。

（3）纳税人所在地不在市区、县城或者镇的，税率为1%。

知识链接

1. 由受托方代扣代缴、代收代缴增值税、消费税的单位和个人，其代扣代缴、代收代缴的城建税按受托方所在地适用税率执行。

2. 流动经营等无固定纳税地点的单位和个人，在经营地缴纳增值税、消费税的，其城建税的缴纳按经营地适用税率执行。

4. 税收优惠政策

城市维护建设税原则上不单独减免，但因其具有附加税性质，当主税发生减免时，城市维护建设税也相应发生减免。具体有以下四种情况：

（1）对进口货物或者境外单位和个人向境内销售劳务、服务、无形资产缴纳的增值

税、消费税税额，不征收城建税。对出口产品退还增值税、消费税的，不退还已缴纳的城市维护建设税。

（2）对因减免增值税、消费税而发生的退税，同时退还已缴纳的城建税。

（3）对增值税、消费税实行先征后返、先征后退、即征即退办法的，除另有规定外，对随增值税、消费税附征的城建税，一律不予退（返）还。

（4）个别缴纳城市维护建设税确有困难的单位和个人，由县（市）级人民政府审批，酌情给予税收减免。

二、城建税应纳税额的计算

1. 计税依据

城建税的计税依据，是指纳税人实际缴纳的增值税、消费税税额（进口环节增值税、消费税除外）。纳税人违反增值税、消费税有关税法而加收的滞纳金和罚款，是税务机关对纳税人违法行为的经济制裁，不作为城建税的计税依据。但如果纳税人违反了增值税、消费税的有关规定，税务部门对其追收应纳税款，加收滞纳金、罚款时，亦应追征其应纳的城建税，并相应加收滞纳金或罚款。

知识链接

1. 不作为城建税计税依据的有：纳税人缴税的“非税”款项（滞纳金、罚款）、进口环节缴纳的增值税、消费税。

2. 作为计税依据的增值税、消费税税款只是看是否在本期缴纳，与税款所属期间无关，即查补税款也应作为计税依据。

3. 免征或者减征增值税、消费税同时免征或者减征城建税。

2. 应纳税额的计算

应纳税额=纳税人实际缴纳的增值税、消费税税额×适用税率

【例 7-8】地处市区的 A 公司为增值税一般纳税人，主要从事木制地板的生产与销售。2021 年 1 月该公司按规定缴纳了增值税 100 万元、消费税 15 万元，同时补交上一年增值税 10 万元及相应的滞纳金 1.595 万元、罚款 8 万元。计算 A 公司本月应缴纳的城建税税额。

【解析】城建税以实际缴纳的增值税、消费税税额为计税依据，包括查补的税款，但不包括加收的滞纳金和罚款。所以 A 公司本月城建税应纳税额＝(100+15+10)×7%＝8.75（万元）。

三、城建税的纳税申报

1. 纳税义务发生时间

城建税的纳税义务发生时间与增值税、消费税的纳税义务发生时间一致，分别与增值税、消费税同时缴纳。

2. 纳税期限

企业应当于月度终了后在进行增值税、消费税申报的同时，进行城建税的纳税申报。

3. 纳税地点

城建税应当与增值税、消费税同时缴纳，其纳税地点也与增值税、消费税纳税地点相同。

四、认识教育费附加

教育费附加是国家为促进地方教育事业的发展，多渠道筹集教育经费，对缴纳增值税、消费税的单位和个人征收的一种专项附加费。

教育费附加的征收对象、缴费义务人、减免规定及申报缴纳同城建税基本一致，征收率为增值税、消费税实际缴纳税额的 3%。

【任务实施】

解析：依据城建税法及教育费附加征收的相关规定，进口环节缴纳的增值税、消费税无需缴纳城建税及教育费附加，因此，该商贸公司本月城建税应纳税额＝30×7%＝2.1（万元）；教育费附加应纳金额＝30×3%＝0.9（万元）。

任务十　印花税的计算与申报

【任务导入】

佳和商贸公司于 2022 年 7 月初领取了营业执照并开始营业，本月发生相关业务如下：新建生产经营用总分类账簿一本，记载公司“实收资本”金额为 200 万元，“资本公积”余额为 0；本月共签订 3 份商品采购合同，合同金额分别为 30 万元、20 万元、50 万元；与银行签订借款合同，借入流动资金 60 万元；与某地产公司签订营业用场所租赁合同，

租期一年，租金 20 万元。

请问：

1. 佳和商贸公司需对哪些凭证缴纳印花税？
2. 佳和商贸公司应纳印花税税额如何计算？

【相关知识】

印花税是对经济活动和经济交往中书立、使用、领受具有法律效力的凭证的单位和个人所征收的一种税。因采用在应税凭证上粘贴印花税票作为完税的标志而得名。印花税征税范围广泛，税率低，税负较轻，具有广集资金、积少成多的财政效应。

我国现行印花税的基本规范是 2021 年 6 月 10 日第十三届全国人民代表大会常务委员会第二十九次会议通过的《中华人民共和国印花税法》，该法自 2022 年 7 月 1 日起施行。

一、认识印花税

1. 征税范围

现行印花税征税范围如下：

（1）合同。包括借款合同、融资租赁合同、买卖合同、承揽合同、建设工程合同、运输合同、技术合同、租赁合同、保管合同、仓储合同、财产保险合同等。

（2）产权转移书据。包括土地使用权出让书据，土地使用权、房屋等建筑物和构筑物所有权转让书据（不包括土地承包经营权和土地经营权转移），股权转让书据（不包括应缴纳证券交易印花税的），商标专用权、著作权、专利权、专有技术使用权转让书据等。

（3）营业账簿。指单位或个人记载的财务会计核算账簿。

（4）证券交易。指转让在依法设立的证券交易所、国务院批准的其他全国性证券交易场所交易的股票和以股票为基础的存托凭证。

2. 纳税人

在中华人民共和国境内书立应税凭证、进行证券交易的单位和个人，为印花税的纳税人，应当依法缴纳印花税。

在中华人民共和国境外书立、在境内使用的应税凭证的单位和个人，应当依法缴纳印花税。

具体包括立合同人、立账簿人、立据人、使用人、证券交易的出让方等。

知识链接

1. 对应税凭证，凡由两方或两方以上当事人共同书立的，其当事人各方都是印花

税的纳税人，应各就其所持凭证的计税金额履行纳税义务。

2. 证券交易印花税对证券交易的出让方征收，不对受让方征收。

3. 纳税人为境外单位或者个人，在境内有代理人的，以其境内代理人为扣缴义务人；在境内没有代理人的，由纳税人自行申报缴纳印花税，具体办法由国务院税务主管部门规定。

3. 税率

印花税的税率设计，遵循税负从轻、共同负担的原则，税率比较低，具体见表 7-6 印花税税目税率表。

表 7-6　印花税税目税率表（2022 年 7 月 1 日起执行）

税目		税率	备注
合同（指书面合同）	借款合同	借款金额的 0.5‰	指银行业金融机构、经国务院银行业监督管理机构批准设立的其他金融机构与借款人（不包括同业拆借）的借款合同
	融资租赁合同	租金的 0.5‰	
	买卖合同	价款的 3‰	指动产买卖合同（不包括个人书立的动产买卖合同）
	承揽合同	报酬的 3‰	
	建设工程合同	价款的 3‰	
	运输合同	运输费用的 3‰	指货运合同和多式联运合同（不包括管道运输合同）
	技术合同	价款、报酬或者使用费的 3‰	不包括专利权、专有技术使用权转让书据
	租赁合同	租金的 1‰	
	保管合同	保管费的 1‰	
	仓储合同	仓储费的 1‰	
	财产保险合同	保险费的 1‰	不包括再保险合同

续表

税目		税率	备注
产权转移书据	土地使用权出让书据	价款的5‰	
	土地使用权、房屋等建筑物和构筑物所有权转让书据（不包括土地承包经营权和土地经营权转移）	价款的5‰	
	股权转让书据（不包括应缴纳证券交易印花税的）	价款的5‰	
	商标专用权、著作权、专利权、专有技术使用权转让书据	价款的3‰	
营业账簿		实收资本（股本）、资本公积合计金额的2.5‰	
证券交易		成交金额的1‰	

4. 税收优惠政策

下列凭证可以免征印花税：

（1）应税凭证的副本或者抄本；

（2）依照法律规定应当予以免税的外国驻华使馆、领事馆和国际组织驻华代表机构为获得馆舍书立的应税凭证；

（3）中国人民解放军、中国人民武装警察部队书立的应税凭证；

（4）农民、家庭农场、农民专业合作社、农村集体经济组织、村民委员会购买农业生产资料或者销售农产品书立的买卖合同和农业保险合同；

（5）无息或者贴息借款合同、国际金融组织向中国提供优惠贷款书立的借款合同；

（6）财产所有权人将财产赠与政府、学校、社会福利机构、慈善组织书立的产权转移书据；

（7）非营利性医疗卫生机构采购药品或者卫生材料书立的买卖合同；

（8）个人与电子商务经营者订立的电子订单。

根据国民经济和社会发展的需要，国务院对居民住房需求保障、企业改制重组、破产、支持小型微型企业发展等情形可以规定减征或者免征印花税，报全国人民代表大会常务委员会备案。

知识链接

根据财税2022年10号公告，由省、自治区、直辖市人民政府根据本地区实际情况，以及宏观调控需要确定，对增值税小规模纳税人、小型微利企业和个体工商户可以在50%的税额幅度内减征资源税、城市维护建设税、房产税、城镇土地使用税、印花税（不含证券交易印花税）、耕地占用税和教育费附加、地方教育附加。执行期限为2022年1月1日至2024年12月31日。

二、印花税应纳税额的计算

印花税根据不同征税项目，以应税凭证所记载的金额、费用、收入额为计税依据，按照适用的比例税率计算应纳税额。

1. 计税依据

（1）应税合同的计税依据，为合同所列的金额，不包括列明的增值税税款；

（2）应税产权转移书据的计税依据，为产权转移书据所列的金额，不包括列明的增值税税款；

（3）应税营业账簿的计税依据，为账簿记载的实收资本（股本）、资本公积合计金额；

（4）证券交易的计税依据，为成交金额。

2. 应纳税额的计算

（1）应税合同

应纳税额=价款或者报酬×适用比例税率

（2）应税产权转移书据

应纳税额=价款×适用比例税率

（3）应税营业账簿

应纳税额=[实收资本（股本）+资本公积金]×适用比例税率

（4）证券交易

应纳税额=成交金额或依法确定的计税依据×适用比例税率

知识链接

1. 应税合同、产权转移书据未列明金额的，印花税的计税依据按照实际结算的金额确定。计税依据按照上述规定仍不能确定的，按照书立合同、产权转移书据时的市场价格确定；依法应当执行政府定价或者政府指导价的，按照国家有关规定确定。

2. 证券交易无转让价格的，按照办理过户登记手续时该证券前一个交易日收盘价计算确定计税依据；无收盘价的，按照证券面值计算确定计税依据。

3. 已缴纳印花税的营业账簿，以后年度记载的实收资本（股本）、资本公积合计金额比已缴纳印花税的实收资本（股本）、资本公积合计金额增加的，按照增加部分计算应纳税额。

4. 同一应税凭证载有两个以上税目事项并分别列明金额的，按照各自适用的税目税率分别计算应纳税额；未分别列明金额的，从高适用税率。

5. 同一应税凭证由两方以上当事人书立的，按照各自涉及的金额分别计算应纳税额。

【例 7-9】某企业为增值税一般纳税人，2022 年总账账簿记载实收资本为 1 000 万元，资本公积为 500 万元。试计算该企业 2022 年营业账簿应缴纳的印花税税额。

【解析】营业账簿中记载资金的账簿计税依据为“实收资本”与“资本公积”两项的合计金额，营业账簿印花税适用税率为 2.5‱。

应缴纳印花税税额＝(10 000 000+5 000 000)×2.5‱＝3 750（元）

三、印花税的纳税申报

1. 纳税义务发生时间

印花税的纳税义务发生时间为纳税人书立应税凭证或者完成证券交易的当天。证券交易印花税扣缴义务发生时间为证券交易完成的当天。

2. 纳税期限

印花税按季、按年或者按次计征。实行按季、按年计征的，纳税人应当自季度、年度终了之日起 15 日内申报缴纳税款。实行按次计征的，纳税人应当自纳税义务发生之日起 15 日内申报缴纳税款。

证券交易印花税按周解缴。证券交易印花税扣缴义务人应当自每周终了之日起 5 日内申报解缴税款以及银行结算的利息。

3. 纳税地点

（1）纳税人为单位的，应当向其机构所在地的主管税务机关申报缴纳印花税。

（2）纳税人为个人的，应当向应税凭证书立地或者纳税人居住地的主管税务机关申报缴纳印花税。

（3）不动产产权发生转移的，纳税人应当向不动产所在地的主管税务机关申报缴纳印花税。

知识链接

证券登记结算机构为证券交易印花税的扣缴义务人，应当向其机构所在地的主管税务机关申报解缴税款以及银行结算的利息。

4. 纳税方法

印花税可以采用粘贴印花税票或者由税务机关依法开具其他完税凭证的方式缴纳。印花税票粘贴在应税凭证上的，由纳税人在每枚税票的骑缝处盖戳注销或者画销。

【任务实施】

解析：

1. 根据印花税征税范围可知，佳和商贸公司的营业账簿、商品采购合同、借款合同、租赁合同均须缴纳印花税。

2. 总分类账簿应纳印花税税额＝2 000 000×2. 5‰＝500（元）

商品采购合同应纳印花税税额＝(300 000+200 000+500 000)×3‰＝300（元）

借款合同应纳印花税税额＝600 000×0. 5‰＝30（元）

租赁合同应纳印花税税额＝200 000×1‰＝200（元）

案例分析

A 公司坐落于某市市区，是一家专业从事涂料生产与销售的企业，占地面积 50 000 平方米；2020 年年初公司账面固定资产中有厂房 2 栋，原值共 3 000 万元；办公楼一栋，原值为 1 500 万元；运输用货车 3 辆，原值为 70 万元，整备质量分别为 16 吨、12 吨、8 吨，小汽车 3 辆，原值为 80 万元，2020 年全年房产和车辆原值未发生变动；

2020 年 12 月 A 公司实际缴纳增值税 80 万元、消费税 20 万元。A 公司所在地区城镇土地使用税税率为 3 元/平方米；房产计税扣除比例为原值的 30%；车船税税率为小汽车 360 元/辆，载货汽车为 36 元/吨。该公司每年 12 月统一缴纳车辆保险费。

请问：

1. 2020 年 12 月 A 公司除申报缴纳的增值税、消费税外还需申报缴纳哪些税费？（不考虑企业所得税和个人所得税）

2. 需申报的相关税费应如何计算？

【解析】

1. 根据税法相关规定及案例资料分析，A 公司还需申报缴纳城镇土地使用税、房产税、车船税、城建税及教育费附加。

2. 城镇土地使用税应纳税额 = 50 000×3 = 150 000（元）

房产税应纳税额 =（3 000+1 500）×（1−30%）×1.2% = 37.8（万元）

车船税应纳税额 =（16+12+8）×36+3×360 = 2 376（元）

城建税应纳税额 =（80+20）×7% = 7（万元）

教育费附加金额 =（80+20）×3% = 3（万元）

思考与练习

1. 简述土地增值税的计税方法。
2. 简述房产税的征税对象及计税方法。
3. 简述契税的纳税人的确定方法及计税依据的确定方法。
4. 简述车辆购置税的征税对象及计税方法。
5. 简述城建税的计税依据。
6. 简述印花税的征税对象及计税依据。

项目八

税务管理与税款征收

学习目标

知识目标

1. 熟悉税务登记的过程，掌握发票管理要求、纳税申报的规定。
2. 熟练掌握税款征收的相关措施。

能力目标

1. 会办理税务登记业务。
2. 能根据企业的经营业务进行账证管理和发票管理。

思维导图

项目八 税务管理与税款征收

- 任务一 税务管理
  - 税务登记：税务登记申请人、税务登记主管机关、“多证合一、一照一码”登记制度
  - 账证管理：账簿的设置、账簿和凭证等资料的保存
  - 发票管理：发票的类型、发票的领购、发票的开具和使用
  - 纳税申报：申报主体、申报内容、申报方式、申报期限、延期申报与零申报
- 任务二 税款征收
  - 税款征收方式：查账征收、查定征收、查验征收、定期定额征收
  - 税款的缴纳方式与程序：正常缴纳税款、延期缴纳税款
  - 税款征收措施：核定应纳税额、责令缴纳和加收滞纳金、责令提供纳税担保、采取税收保全措施、采取税收强制执行措施、欠税清缴措施
  - 税款的退还与追征：税款的退还、税款的追征

任务一　税务管理

【任务导入】

山东诚扬有限责任公司按照规定享受3年内免纳企业所得税的优惠政策。当税务局要求该企业进行纳税申报时，会计小李认为，本企业享受免税政策，就不用办理企业所得税纳税申报了，而会计小王则认为即使企业享受了免税政策，仍然应该进行纳税申报。

请问：会计小李和小王谁的说法正确？

【相关知识】

税务管理，是指税收征收管理机关为了贯彻执行国家税收法律制度，加强税收工作，协调征税关系而对纳税人和扣缴义务人实施的基础性的管理制度和管理行为。税务管理是整个税收征管工作的前提和基础。

税务管理的一般程序包括税务登记、账证管理、发票管理和纳税申报等环节。

一、税务登记

税务登记是税务机关对纳税人的基本情况及生产经营项目进行登记管理的一项基本制度，是纳税人为履行纳税义务依法向税务机关办理登记的一种法定手续。税务登记是整个税收征收管理的起点。从税务登记开始，纳税人的身份及征纳双方的法律关系即得到确认。

1. 税务登记申请人

企业，企业在外地设立的分支机构和从事生产、经营的场所，个体工商户和从事生产、经营的事业单位，都应当办理税务登记（统称从事生产、经营的纳税人）。

前述规定以外的纳税人，除国家机关、个人和无固定生产经营场所的流动性农村小商贩外，也应当办理税务登记（统称非从事生产经营但依照规定负有纳税义务的单位和个人）。

根据税收法律、行政法规的规定，负有扣缴税款义务的扣缴义务人（国家机关除外），应当办理扣缴税款登记。

【例 8-1】根据规定，下列选项中不需要办理税务登记的是（　　）。

A. 个体工商户

B. 国家机关

C. 从事生产经营的事业单位

D. 企业在外地设立的分支机构和从事生产、经营的场所

【解析】本题考查了税务登记申请人的范围，正确答案为 B。

2. 税务登记主管机关

县以上（含本级，下同）税务局（分局）是税务登记的主管机关，负责税务登记的设立登记、变更登记、注销登记以及非正常户处理、报验登记等有关事项。

县以上税务局（分局）按照国务院规定的税收征收管理范围，实施属地管理，办理税务登记。有条件的城市，可以按照“各区分散受理、全市集中处理”的原则办理税务登记。

3. “多证合一、一照一码”登记制度

为提升政府行政服务效率，简化手续、缩短时限，自 2015 年 10 月 1 日起，商事登记制度改革在全国推行。随着国务院简政放权、放管结合、优化服务的“放管服”改革不断深化，登记制度改革从“三证合一”推进为“五证合一”，又进一步推进为“多证合一、一照一码”。即将工商营业执照、组织机构代码证、税务登记证、社会保险登记证、统计登记证等整合到营业执照上，实现“五证合一、一照一码”，然后在“五证合一、一照一码”登记制度改革和个体工商户工商营业执照、税务登记证“两证整合”的基础上，将涉及企业、个体工商户和农民专业合作社（统称企业）登记、备案等有关事项和各类证照进一步整合到营业执照上，实现“多证合一、一照一码”。

“多证合一、一照一码”后的营业执照如图 8-1 所示。

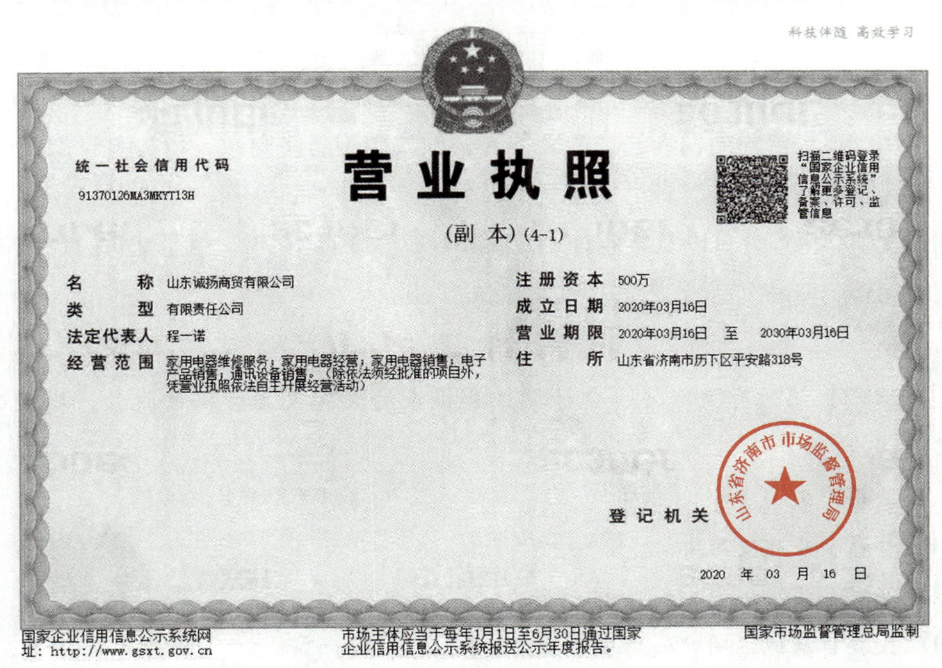

统一社会信用代码
91370126MA3MKYT13H

营业执照

（副 本）(4-1)

扫描二维码登录“国家企业信用信息公示系统”了解更多登记、备案、许可、监管信息

名　　称　山东诚扬商贸有限公司

类　　型　有限责任公司

法定代表人　程一诺

经营范围　家用电器维修服务；家用电器经营；家用电器销售；电子产品销售；通讯设备销售。（除依法须经批准的项目外，凭营业执照依法自主开展经营活动）

注册资本　500万

成立日期　2020年03月16日

营业期限　2020年03月16日　至　2030年03月16日

住　　所　山东省济南市历下区平安路318号

登记机关

2020 年 03 月 16 日

国家企业信用信息公示系统网址：http://www.gsxt.gov.cn

市场主体应当于每年1月1日至6月30日通过国家企业信用信息公示系统报送公示年度报告。

国家市场监督管理总局监制

图 8-1　营业执照

二、账证管理

账簿和凭证是纳税人进行生产经营活动和核算财务收支的重要资料，也是税务机关对纳税人进行征税、管理、核查的重要依据。凭证是纳税人用来记录其各项经济业务，明确经济责任，并据以登记账簿的书面证明。

1. 账簿的设置

纳税人、扣缴义务人应按照有关法律、行政法规和国务院财政、税务主管部门的规定设置账簿，根据合法、有效凭证记账，进行核算。

（1）从事生产、经营的纳税人应当自领取营业执照或者发生纳税义务之日起 15 日内，按照国家有关规定设置账簿。一般企业要设置的账簿有总账、明细账、日记账以及其他辅助性账簿。

（2）扣缴义务人应当自税收法律、行政法规规定的扣缴义务发生之日起 10 日内，按照所代扣、代收的税种，分别设置代扣代缴、代收代缴税款账簿。

（3）生产、经营规模小又确无建账能力的纳税人，可以聘请经批准从事会计代理记账业务的专业机构或者财会人员代为建账和办理账务。聘请上述机构或者人员有实际困难的，经县以上税务机关批准，可以按照税务机关的规定，建立收支凭证粘贴簿、进货销货登记簿或者使用税控装置。

账簿、会计凭证和报表，应当使用中文。民族自治地方可以同时使用当地通用的一种民族文字。外商投资企业和外国企业可以同时使用一种外国文字。

2. 账簿、凭证等资料的保存

从事生产、经营的纳税人、扣缴义务人必须按照国务院财政、税务主管部门规定的保管期限保管账簿、记账凭证、完税凭证及其他有关资料。账簿、记账凭证、报表、完税凭证、发票、出口凭证以及其他有关涉税资料应当保存10年，但是法律、行政法规另有规定的除外。

【例8-2】下列有关账簿、会计凭证和报表的文字使用方法的说法，错误的是（　　）。

A. 使用中文

B. 外资企业只使用中文

C. 外资企业使用中文和外文

D. 民族自治地方同时使用中文和民族文字

【解析】本题考查了会计文字的使用。账簿、会计凭证和报表，应当使用中文。民族自治地方可以同时使用当地通用的一种民族文字，外商投资企业和外国企业可以同时使用一种外国文字。所以正确答案为B。

三、发票管理

发票是指在购销商品、提供或者接受服务以及从事其他经营活动中，开具、收取的收付款凭证。发票是会计核算的原始凭证，也是税务稽查的重要依据。

税务机关是发票主管机关，负责发票的印制、领购、开具、使用、取得、保管、缴销等多方面的管理和监督。

1. 发票的类型

全国范围内全面推行“营改增”试点后，发票的类型主要是增值税专用发票和增值税普通发票，还有特定范围继续使用的其他发票。

（1）增值税专用发票，包括增值税专用发票和机动车销售统一发票。增值税专用发票如图8-2所示，机动车销售统一发票如图8-3所示。

（2）增值税普通发票，包括增值税普通发票（折叠票）（见图8-4）、增值税普通发票（卷票）（见图8-5）、增值税电子普通发票（见图8-6）。

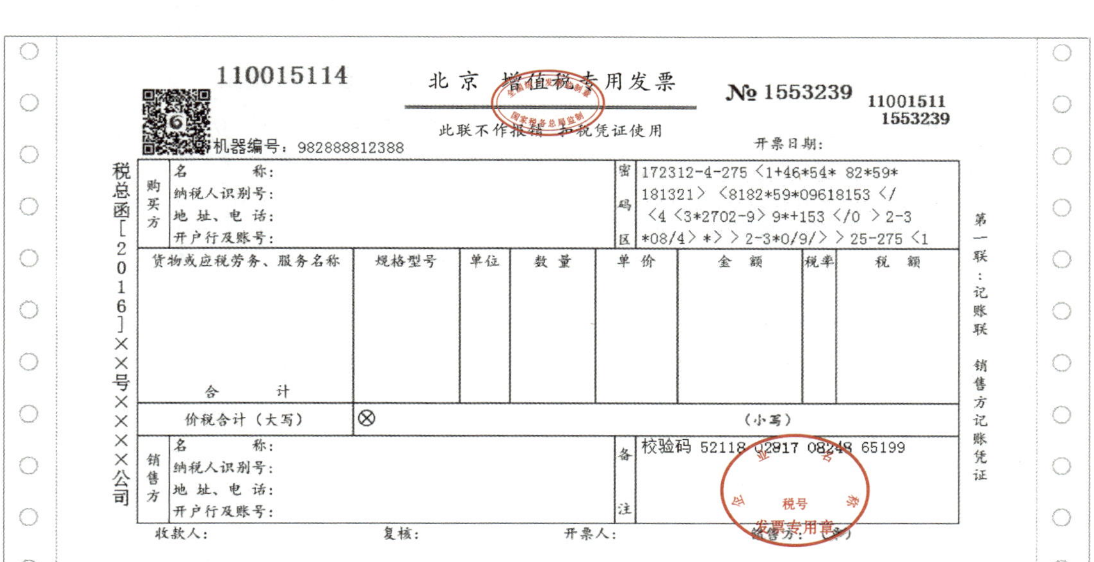

110015114　北京　增值税专用发票　№ 1553239　11001511 1553239

此联不作报销、扣税凭证使用

机器编号：982888812388　开票日期：

税总函[2016]××号××××公司

购买方	名称： 纳税人识别号： 地址、电话： 开户行及账号：	密码区	172312-4-275 <1+46*54* 82*59* 181321> <8182*59*09618153 </ <4 <3*2702-9> 9*+153 </0 >2-3 *08/4> *> > 2-3*0/9/> > 25-275 <1

货物或应税劳务、服务名称	规格型号	单位	数量	单价	金额	税率	税额
合计							
价税合计（大写）	⊗				（小写）		

销售方	名称： 纳税人识别号： 地址、电话： 开户行及账号：	备注	校验码 52118 02817 08248 65199

收款人：　复核：　开票人：　销售方：（章）

第一联：记账联　销售方记账凭证

图 8-2　增值税专用发票

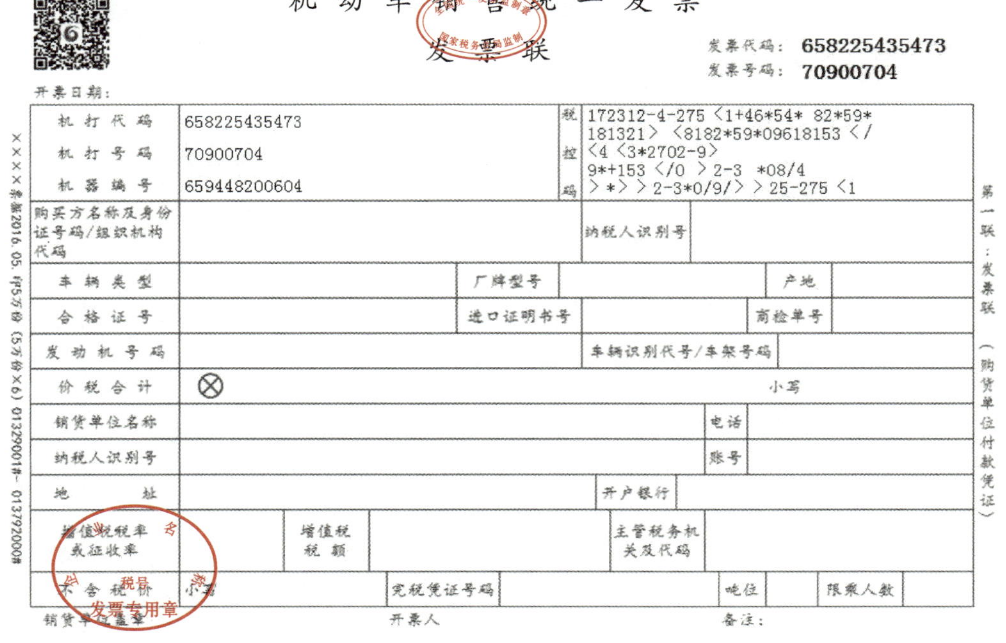

机动车销售统一发票

发票联

发票代码：658225435473

发票号码：70900704

开票日期：

机打代码	658225435473	税控码	172312-4-275 <1+46*54* 82*59* 181321> <8182*59*09618153 </ <4 <3*2702-9> 9*+153 </0 >2-3 *08/4 > *> > 2-3*0/9/> > 25-275 <1
机打号码	70900704		
机器编号	659448200604		

购买方名称及身份证号码/组织机构代码		纳税人识别号			
车辆类型		厂牌型号		产地	
合格证号		进口证明书号		商检单号	
发动机号码		车辆识别代号/车架号码			
价税合计	⊗		小写		
销货单位名称		电话			
纳税人识别号		账号			
地址		开户银行			
增值税税率或征收率		增值税税额		主管税务机关及代码	
不含税价	小写	完税凭证号码		吨位	限乘人数

销货单位盖章　开票人　备注：

××××印刷2016.05. 印5万份（5万份×6）01329001#-01379000#

第一联：发票联（购货单位付款凭证）

图 8-3　机动车销售统一发票

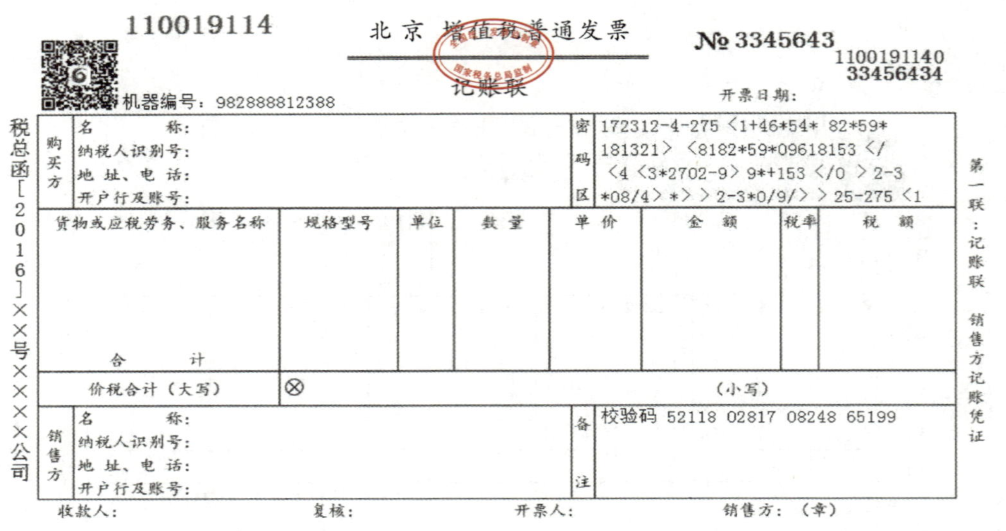

110019114

北京 增值税普通发票

№ 3345643

1100191140
33456434

记账联

机器编号：982888812388

开票日期：

税总函[2016]××号××××公司

| 购买方 | 名　　称：
纳税人识别号：
地 址、电 话：
开户行及账号： | 密码区 | 172312-4-275 <1+46*54* 82*59*
181321> <8182*59*09618153 </
<4 <3*2702-9> 9*+153 </0 >2-3
*08/4> *> >2-3*0/9/> >25-275 <1 |

货物或应税劳务、服务名称	规格型号	单位	数量	单价	金额	税率	税额
合　　计							
价税合计（大写）	⊗			（小写）			

| 销售方 | 名　　称：
纳税人识别号：
地 址、电 话：
开户行及账号： | 备注 | 校验码 52118 02817 08248 65199 |

收款人：　　复核：　　开票人：　　销售方：（章）

第一联：记账联　销售方记账凭证

图 8-4　增值税普通发票（折叠票）

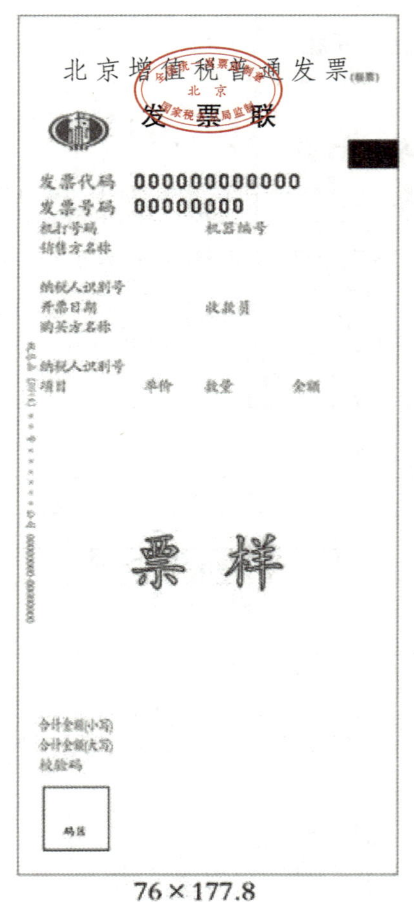

北京增值税普通发票（卷票）

发票联

发票代码 000000000000

发票号码 00000000

机打号码　机器编号

销售方名称

纳税人识别号

开票日期　收款员

购买方名称

纳税人识别号

项目　单价　数量　金额

票样

合计金额(小写)

合计金额(大写)

校验码

码区

76×177.8

北京增值税普通发票（卷票）

发票联

发票代码 000000000000

发票号码 00000000

机打号码

机器编号

销售方名称

纳税人识别号

开票日期

收款员

购买方名称

纳税人识别号

项目　单价　数量　金额

票样

合计金额(小写)

合计金额(大写)

校验码

码区

57×177.8

图 8-5　增值税普通发票（卷票）

北京增值税电子普通发票

机器编号：165128754381

发票代码：478184073311
发票号码：89248678
开票日期：
校 验 码：74283604741729129872

| 购买方 | 名 称：
纳税人识别号：
地 址、电 话：
开户行及账号： | 密码区 | 172312-4-275 <1+46*54* 82*59*
181321> <8182*59*09618153 </
<4 <3*2702-9> 9*+153 </0 > 2-3
*08/4> *> > 2-3*0/9/> > 25-275 <1 |

货物或应税劳务、服务名称	规格型号	单位	数 量	单 价	金 额	税率	税 额
合　计							
价税合计（大写）	⊗				（小写）		

| 销售方 | 名 称：
纳税人识别号：
地 址、电 话：
开户行及账号： | 备注 | |

收款人：　复核：　开票人：　销售方：（章）

图 8-6　增值税电子普通发票

（3）其他发票，包括农产品收购发票、农产品销售发票、门票、过路（过桥）费发票、定额发票、客运发票和二手车销售统一发票等。

2. 发票的领购

纳税人在发票票种核定的范围（发票的种类、领用数量、开票限额）内领用发票。

（1）办理材料

1）经办人身份证原件（查验后退回）；

2）税控设备（通过网上领用可不携带相关设备）；

3）领用税控收款机发票的纳税人需携带税控收款机用户卡。

（2）办理地点

可通过办税服务厅、电子税务局、自助办税终端办理，具体地点和网址可从省（自治区、直辖市和计划单列市）税务局网站“纳税服务”栏目查询。

（3）注意事项

1）使用增值税发票管理系统的纳税人，非首次领用发票前，应联网上传发票开具信息，或到税务机关抄报增值税发票数据，方便进行发票验旧；

2）普通发票领用实行交（验）旧供新、严格限量供应。

3. 发票的开具和使用

（1）发票的开具

纳税义务人在对外销售商品、提供服务以及从事其他经营活动收取款项时，应当向付款方开具发票；特殊情况下，可由付款方向收款方开具发票。特殊情况是指收购单位和扣缴义务人支付个人款项时开具的发票。

1）开具发票应当按照规定的时限、顺序、栏目，全部联次一次性如实开具，并加盖发票专用章。任何单位和个人不得有下列虚开发票行为：

①为他人、为自己开具与实际经营业务情况不符的发票；

②让他人为自己开具与实际经营业务情况不符的发票；

③介绍他人开具与实际经营业务情况不符的发票。

2）专用发票应按下列要求开具：

①项目齐全，与实际交易相符；

②字迹清楚，不得压线、错格；

③发票联和抵扣联加盖财务专用章或者发票专用章；

④按照增值税纳税义务的发生时间开具。

对不符合上述要求的专用发票，购买方有权拒收。

（2）发票的使用和保管

任何单位和个人应当按照发票管理规定使用发票，不得有下列行为：

1）转借、转让、介绍他人转让发票、发票监制章和发票防伪专用品。

2）知道或者应当知道是私自印制、伪造、变造、非法取得或者废止的发票而受让、开具、存放、携带、邮寄、运输的。

3）拆本使用发票。

4）扩大发票使用范围。

5）其他凭证代替发票使用。

开具发票的单位和个人应当建立发票使用登记制度，设置发票登记簿，并定期向主管税务机关报告发票使用情况。开具发票的单位和个人应当在办理变更或者注销税务登记的同时，办理发票和发票领购簿的变更、缴销手续。开具发票的单位和个人应当按照税务机关的规定存放和保管发票，不得擅自损毁。已经开具的发票存根联和发票登记簿，应当保存5年。保存期满，报经税务机关查验后销毁。

四、纳税申报

纳税申报，是指纳税人按照税法规定，就纳税事项向税务机关提交书面报告的法定手续。纳税申报是纳税人履行纳税义务、承担相关法律责任的主要依据。

1. 申报主体

负有纳税义务的纳税人、扣缴义务人无论本期有无应纳、应缴税款，都必须按税法规定的期限如实向主管税务机关办理纳税申报。

纳税人应根据税法规定的申报期限、申报内容如实办理纳税申报，报送纳税申报表、财务会计报表以及其他相关纳税资料。扣缴义务人应根据税法规定的申报期限、申报内容如实报送代扣代缴、代收代缴税款报告表以及其他有关资料。

2. 申报内容

纳税申报的内容，主要在各税种的纳税申报表和代扣代缴、代收代缴税款报告表中体现，主要包括税种、税目、计税依据、适用税率或者单位税额、税款所属期限等。

3. 申报方式

纳税人和扣缴义务人可以根据实际经营情况选择以下纳税申报方式：

（1）自行申报

自行申报也称直接申报，是指纳税人和扣缴义务人在法定税款征收期内，自行到办税服务厅办理相关纳税申报手续。这是一种传统的申报方式。

（2）邮寄申报

邮寄申报，是指经主管税务机关批准，纳税人和扣缴义务人使用统一的纳税申报专用信封，通过邮政部门办理交寄手续，并向邮政部门索取收据作为申报凭证的方式。邮寄申报以寄出的邮戳日期为实际申报日期。

（3）数据电文申报

数据电文申报，是指经税务机关批准，纳税人和扣缴义务人以税务机关确定的电话语音、电子数据交换和网络传输等电子方式进行纳税申报。纳税人、扣缴义务人采取数据电文方式办理纳税申报的，应当按照税务机关规定的期限和要求保存有关资料，并定期书面报送税务机关。

（4）其他方式申报

实行定期定额缴纳税款的纳税人，可以采用简易申报、简并征期等方式申报纳税。

4. 申报期限

纳税申报期限是根据各个税种的特点确定的，其具体纳税期限由主管税务机关按各税种的有关规定确定，不能按照固定期限纳税的，可以按次纳税。

5. 延期申报与零申报

（1）延期申报

延期申报是指纳税人、扣缴义务人不能按照税法规定的期限办理纳税申报或扣缴税款申报。纳税人因有特殊困难，不能按期缴纳税款的，经省、自治区、直辖市、计划单列市税务局批准，可以延期缴纳税款，但是最长不得超过 3 个月。纳税人有下列情形之一的，属于特殊困难：

1）因不可抗力，导致纳税人发生较大损失，正常生产经营活动受到较大影响的；

2）当期货币资金在扣除应付职工工资、社会保险费后，不足以缴纳税款的。

（2）零申报

纳税人和扣缴义务人在相应期间内，没有取得应税收入或所得，没有应缴税款发生，也必须按照规定的纳税申报期限进行零申报，并在纳税申报表上注明“零”或“无收入”字样。纳税人享受减税、免税待遇的，在减税、免税期间应当按照规定办理纳税申报。

【任务实施】

解析：小李的说法不正确，小王的说法是正确的。根据税收征收管理法律制度的规定，纳税人享受减税、免税待遇的，在减税、免税期间仍应当按照规定办理纳税申报。

任务二 税款征收

【任务导入】

2020 年 5 月，甲企业进行岗位人员调整，新上任的财务负责人在交接后查阅往年财务资料时发现，由于计税基数计算错误，造成企业 2019 年多缴企业所得税税款 150 000 元，于是该企业向主管税务机关提出给予退还税款的申请。

请问：甲企业这一申请是否合法？税务机关是否应当退还其多缴的税款？

【相关知识】

税款征收是指税务机关依照国家税收法律、行政法规确定的标准和范围，通过法定程序将纳税人应当缴纳的税款组织入库的一系列活动。税款征收是税收征收管理工作的中心环节，直接关系到国家税收能否及时、足额入库，也是税务机关依法征税和纳税人依法纳税过程的统一。

一、税款征收方式

由于各类纳税人的具体情况不同，因而税款的征收方式也有所区别。现阶段我国实行的税款征收方式主要有以下几种：

1. 查账征收

查账征收是指税务机关按照纳税人提供的会计账簿等财务核算资料，依照税法规定计算并征收应纳税款的方式。查账征收适用于财务会计等核算制度健全，能够据以如实核算和提供生产经营情况，并能正确计算应纳税款和如实履行纳税义务的纳税人。

2. 查定征收

查定征收是指由税务机关根据纳税人的从业人员、生产设备、原材料消耗等因素，

在正常生产经营条件下，对其生产的应税产品，查实核定产量、销售额并据以确定其应缴税款的税款征收方式。查定征收适用于生产规模较小、产品零星、税源分散、会计账册不健全，但能控制原材料或进销货的小型厂矿和作坊。

3. 查验征收

查验征收是指税务机关对纳税人的应税商品，通过查验数量，按市场一般销售单价计算其销售收入并据以征税的方式。查验征收适用于税源零星分散、流动性大、财务会计制度不健全、生产经营不固定的纳税人。

4. 定期定额征收

定期定额征收是指税务机关对一些营业额、所得额不能准确计算的纳税人，采取由纳税人自报，由税务机关核定一定时期的营业额和所得税附征率，实行多税种合并征收的一种方式。定期定额征收适用于一些小型个体工商户。

【例 8-3】根据规定，经营规模大、会计制度健全、会计核算准确，能认真履行纳税义务的纳税人，税务机关可以采用的税款征收方式是（　　）。

A. 查定征收　　B. 查验征收　　C. 查账征收　　D. 定期定额征收

【解析】查账征收适用于财务会计等核算制度健全，能够据以如实核算和提供生产经营情况，并能正确计算应纳税款和如实履行纳税义务的纳税人，所以正确答案为 C。

二、税款的缴纳方式与程序

1. 正常缴纳税款

因征收方式不同，税款征收程序也有所不同。税款一般由纳税人直接向国库经收处缴纳，也可以由税务机关自收或委托代征税款。

税务机关征收税款时，必须开具完税凭证。完税凭证作为税务机关收取税款时的专用凭证和纳税人履行纳税义务的合法证明。完税凭证的种类包括各种完税证、缴款书、印花税票、扣（收）税凭证及其他完税证明。

2. 延期缴纳税款

纳税人或扣缴义务人必须按法律、法规规定的期限缴纳税款，但纳税人确有特殊困难，不能按照法定期限缴纳税款的，可以申请延期缴纳税款。延期最长不得超过 3 个月，同一纳税人应纳的同一个税种的税款在一个纳税年度内只能申请延期缴纳一次。纳税人经批准延期缴纳税款的，在批准的期限内，不加收滞纳金；逾期未缴的，税务机关应当从批准的期限届满次日起，按日加收未缴税款 2‰的滞纳金，并发出催缴税款通知书，责令其在最长不超过 15 日的限期内缴纳；逾期仍不缴纳的，将应缴未缴的税款连同滞纳金

一并强制执行。

三、税款征收措施

为维护税收法纪，确保税款征收的顺利进行，《中华人民共和国税收征收管理法》（以下简称《税收征管法》）赋予了税务机关在税款征收中根据不同情况可以采取相应征收措施的权力。

1. 核定应纳税额

（1）适用情形

纳税人有下列情形之一的，税务机关有权核定其应纳税额：

1）依照法律、行政法规的规定可以不设置账簿的；

2）依照法律、行政法规的规定应当设置账簿但未设置的；

3）擅自销毁账簿或者拒不提供纳税资料的；

4）虽设置账簿，但账目混乱，或者成本资料、收入凭证、费用凭证残缺不全，难以查账的；

5）发生纳税义务，未按照规定的期限办理纳税申报，经税务机关责令限期申报，逾期仍不申报的；

6）纳税人申报的计税依据明显偏低，又无正当理由的。

（2）核定方法

税务机关有权采用下列任何一种方法核定应纳税额；当其中一种方法不足以正确核定应纳税额时，可同时采取两种以上的方法核定：

1）参照当地同类行业或类似行业中的经营规模和收入水平相近的纳税人的税负水平核定；

2）按照营业收入或成本加合理的费用和利润的方法核定；

3）按照耗用的原材料、燃料、动力等推算或测算核定；

4）按照其他合理方法核定。

2. 责令缴纳和加收滞纳金

（1）纳税人未按照规定期限缴纳税款的，扣缴义务人未按照规定期限解缴税款的，税务机关可责令限期缴纳，并从滞纳税款之日起，按日加收滞纳税款 0.5‰的滞纳金。

（2）对未按照规定办理税务登记的从事生产、经营的纳税人，以及临时从事经营的纳税人，税务机关核定其应纳税额，责令其缴纳应纳税款。

（3）税务机关有根据认为从事生产、经营的纳税人有逃避纳税义务行为，可在规定的纳税期之前责令其限期缴纳应纳税款。逾期仍未缴纳的，税务机关有权采取其他税款征收措施。

（4）纳税担保人未按照规定的期限缴纳所担保的税款，税务机关可责令其限期缴纳应纳税款。逾期仍未缴纳的，税务机关有权采取其他税款征收措施。

知识链接

加收滞纳金的起止时间：自税款法定缴纳期限届满次日起至纳税人、扣缴义务人实际缴纳或者解缴税款之日止。

【例 8-4】纳税人未按照规定期限缴纳、解缴税款的，税务机关可责令限期缴纳，并从滞纳税款之日起，按日加收滞纳税款（　　）的滞纳金。

A. 1‰　　B. 2‰　　C. 0.3‰　　D. 0.5‰

【解析】纳税人未按照规定期限缴纳税款的，扣缴义务人未按照规定期限解缴税款的，税务机关可责令限期缴纳，并从滞纳税款之日起，按日加收滞纳税款 0.5‰的滞纳金，所以正确答案为 D。

3. 责令提供纳税担保

纳税担保，是指经税务机关同意或确认，纳税人或其他自然人、法人、经济组织以保证、抵押、质押的方式，为纳税人应当缴纳的税款及滞纳金提供担保的行为。

（1）适用情形

1）税务机关有根据认为从事生产、经营的纳税人有逃避纳税义务行为的，在规定的纳税期限之前，责令其限期缴纳应纳税款；在限期内发现纳税人有明显的转移、隐匿其应纳税的商品、货物以及其他财产或者应纳税收入迹象的，责成纳税人提供纳税担保。

2）欠缴税款、滞纳金的纳税人或者其法定代表人需要出境的，责成纳税人在出境前提供纳税担保。

3）纳税人同税务机关在纳税上发生争议而未缴清税款，需要申请行政复议的，责成纳税人提供纳税担保。

（2）纳税担保的范围

纳税担保的范围包括税款、滞纳金和实现税款、滞纳金的费用。

4. 采取税收保全措施

税务机关责令具有税法规定情形的纳税人提供纳税担保而纳税人拒绝提供纳税担保或无力提供纳税担保的，经县以上税务局（分局）局长批准，税务机关可以采取下列税

收保全措施：

（1）书面通知纳税人开户银行或者其他金融机构冻结纳税人的金额相当于应纳税款的存款。

（2）扣押、查封纳税人的价值相当于应纳税款的商品、货物或者其他财产。

税务机关采取税收保全措施的期限一般不得超过6个月。重大案件需要延长的，应当报国家税务总局批准。

知识链接

不适用税收保全措施的财产包括：①个人及其所抚养家属维持生活必需的住房和用品（不包括机动车辆、金银饰品、古玩字画、豪华住宅或者一处以外的住房）；②单价5 000元以下的其他生活用品。

【例8-5】税务机关采取税收保全措施的期限一般不得超过6个月。重大案件需要延长的，应当报（　　）批准。

A. 县税务局　　B. 市级税务局

C. 省级税务局　　D. 国家税务总局

【解析】税务机关采取税收保全措施的期限一般不得超过6个月。重大案件需要延长的，应当报国家税务总局批准，所以正确答案为D。

5. 采取税收强制执行措施

从事生产、经营的纳税人、扣缴义务人未按照规定的期限缴纳或者解缴的税款，纳税担保人未按照规定的期限缴纳所担保的税款，由税务机关责令限期缴纳，逾期仍未缴纳的，经县以上税务局（分局）局长批准，税务机关可以采取下列强制执行措施：

（1）书面通知其开户银行或者其他金融机构从其存款中扣缴税款。

（2）扣缴、查封、依法拍卖或者变卖其价值相当于应纳税款的商品、货物或者其他财产，以拍卖或者变卖所得抵缴税款。

税务机关采取强制执行措施时，对上述所列纳税人、扣缴义务人、纳税担保人未缴纳的滞纳金同时强制执行。个人及其所抚养家属维持生活所必需的住房和用品，不在强制执行措施的范围内。

知识链接

税收保全措施与税收强制执行措施的区别与联系

区别：①对象不同：保全措施适用于纳税人；而强制执行措施适用于纳税人、扣缴义务人以及纳税担保人。②措施不同：保全措施是冻结银行存款、查封、扣押财产；强制执行措施是从银行存款中扣缴税款，以拍卖、变卖财产所得抵缴税款。③范围不同：保全措施的范围是应纳税额；强制执行措施的范围是税额+滞纳金。

联系：①程序相同；②人权保障相同。

6. 欠税清缴措施

欠税是指纳税人未按照规定期限缴纳税款，扣缴义务人未按照规定期限解缴税款的行为。欠税清缴相关措施包括：

（1）阻止出境。欠缴税款的纳税人及其法定代表人需要出境的，应当在出境前向税务机关结清应纳税款或者提供担保。未结清税款，又不提供担保的，税务机关可以通知出境管理机关阻止其出境。

（2）改制后纳税人欠税的清缴。纳税人有合并、分立情形的，应当向税务机关报告，并依法缴清税款。纳税人合并时未缴清税款的，应当由合并后的纳税人继续履行未履行的纳税义务；纳税人分立时未缴清税款的，分立后的纳税人对未履行的纳税义务应当承担连带责任。

（3）大额欠税处分财产报告。欠缴税款数额在 5 万元以上的纳税人，在处分其不动产或者大额资产之前，应当向税务机关报告。税务机关可以根据其是否有转移资产、逃避纳税义务的情形，决定是否行使税收优先权，是否采取税收保全措施或者强制执行措施。

（4）行使代位权、撤销权。税务机关可以对欠缴税款的纳税人行使代位权、撤销权，即对纳税人的到期债权等财产权利，税务机关可以依法向第三者追索以抵缴税款。

（5）欠税公告。税务机关应当对纳税人欠缴税款的情况，在办税场所或者广播、电视、报纸、期刊、网络等新闻媒体上定期予以公告。同时税务机关还可以根据实际情况和实际需要，制定纳税人的纳税信用等级评比制度。

四、税款的退还与追征

1. 税款的退还

纳税人因计算错误、税率适用不当等原因超过应纳税额多缴纳的税款，税务机关发

现后应当立即退还；纳税人自结算缴纳税款之日起3年内发现的，可以向税务机关要求退还多缴的税款并加算银行同期存款利息，税务机关及时查实后应立即退还。

2. 税款的追征

税务机关对超过纳税期限未缴或少缴税款的纳税人可以在规定的期限内予以追征。税款的追征具体有以下三种情形：

（1）因税务机关的责任，致使纳税人、扣缴义务人未缴或者少缴税款的，税务机关在3年内可以要求纳税人、扣缴义务人补缴税款，但是不得加收滞纳金。

（2）因纳税人、扣缴义务人计算错误等失误，未缴或者少缴税款的，税务机关在3年内可以追征税款，并加收滞纳金；有特殊情况的（累计数额在10万元以上的），追征期可以延长到5年。

（3）对因纳税人、扣缴义务人和其他当事人偷税、抗税、骗税等原因而造成未缴或者少缴的税款，或骗取的退税款，税务机关可以无限期追征。

【任务实施】

解析：根据《税收征管法》相关规定，纳税人超过应纳税额缴纳的税款，税务机关发现后应当立即退还；纳税人自结算缴纳税款之日起3年内发现的，可以向税务机关要求退还多缴的税款并加算银行同期存款利息，税务机关查实后应当立即退还。所以，甲企业的申请是合法的；税务机关查证属实后应当退还甲企业多缴的税款150 000元，并按照退还税款当天银行同期活期存款利率加计利息。

案例分析

某公司为增值税一般纳税人，按月进行纳税申报。2020年5月，企业因财务部门员工离岗错过了纳税申报的日期。后该企业新调整的财务人员电话咨询税务机关，希望能延期申报。后经税务机关审核，发现该企业3—4月还存在欠缴税款逾期的情形。

请问：

1. 该公司是否符合延期申报的要求？
2. 税务机关为保证税款征收的顺利进行，可以采取哪些税收征管措施？

【解析】

1. 该公司不符合延期申报的要求。

纳税人、扣缴义务人因特殊困难，不能按期办理纳税申报或者报送代扣代缴、代收代缴税款报告表的，可以申请延期办理。该公司不属于特殊困难的情形，所以不符合延期纳税申报的要求。

2. 为保证税款征收的顺利进行，税务机关可以采取以下措施：

（1）核定应纳税额；

（2）责令缴纳和加收滞纳金；

（3）责令提供纳税担保；

（4）采取税收保全措施；

（5）采取税收强制执行措施；

（6）欠税清缴措施。

思考与练习

1. 纳税人有哪些情形时可以申请延期缴纳税款？
2. 纳税申报的方式有哪些？
3. 我国税款征收的方式有哪些？
4. 税务机关可以采取的税收征收措施主要有哪些？
5. 简述税收保全措施和税收强制执行措施的区别与联系。